Kindler Taschenbücher

Geist und Psyche

Anna Freud

Das Ich und die Abwehrmechanismen

Kindler Taschenbücher

8. Auflage
Kindler Verlag GmbH, München
Ungekürzte Ausgabe
Lizenzausgabe mit Genehmigung von Anna Freud
und International University Press, New York

Korrekturen: Marg. Bergholz
Gesamtherstellung: Friedrich Pustet, Regensburg
Printed in Germany 1973
ISBN 3 463 18001 1

A. THEORIE DER ABWEHRMECHANISMEN

ERSTES KAPITEL

Das Ich als Stätte der Beobachtung

Definition der Psychoanalyse. – In bestimmten Entwicklungsperioden der psychoanalytischen Wissenschaft war die theoretische Beschäftigung mit dem Ich des Individuums ausgesprochen unpopulär. Irgendwie war bei vielen Analytikern die Meinung entstanden, man sei ein um so besserer wissenschaftlicher und therapeutischer Arbeiter innerhalb der Analyse, auf je tiefere Schichten des Seelenlebens man sein Interesse richte. Jeder Aufstieg des Interesses von den tieferen zu den oberflächlicheren seelischen Schichten, also jede Wendung der Forschung vom Es zum Ich wurde als Beginn der Abkehr von der Psychoanalyse überhaupt gewertet. Der Name Psychoanalyse sollte für die Neuentdeckungen reserviert bleiben, die sich mit dem unbewußten Seelenleben beschäftigen, also für die Erkenntnisse über die verdrängten Triebregungen, Affekte und Phantasien. Probleme wie die Anpassung des Kindes oder des Erwachsenen an die Außenwelt, Wertbegriffe wie Gesundheit und Krankheit, Tugend oder Laster sollten die Psychoanalyse nichts angehen. Objekt der Psychoanlayse wären ausschließlich die in die Erwachsenheit fortgesetzten infantilen Phantasien, die imaginären Lusterlebnisse und die dafür befürchteten Strafen.

Eine solche Definition der Psychoanalyse, wie sie nicht zu selten in der analytischen Literatur zu finden war, könnte sich vielleicht auf den Sprachgebrauch berufen, der seit jeher Psychoanalyse und Tiefenpsychologie als gleichbedeutend verwendet. Sie hätte vielleicht auch die Vergangenheit auf ihrer Seite, denn von den Anfangsjahren der Psychoanalyse kann man sagen, daß die Lehre, die sich auf der Basis ihrer Funde aufgebaut hat, vor allem eine Psychologie des Unbewußten, nach heutigem Ausdruck: des Es war. Aber sie verliert sofort jeden Anspruch auf Richtigkeit, wenn man sie auf die psychoanalytische Therapie anwendet. Das Objekt der analytischen Therapie waren von Anfang an das Ich und seine Störungen, die Erforschung des Es und seiner Arbeitsweise war immer nur Mittel zum Zweck. Und der Zweck war immer der gleiche: Aufhebung dieser Störungen und die Wiederherstellung der Intaktheit des Ichs.

Eine Wendung der Arbeitsrichtung in den Schriften Freuds, von »Massenpsychologie und Ich-Analyse« und »Jenseits des Lustprinzips« angefangen, hat dann die Beschäftigung mit dem Ich von dem Odium des Unanalytischen befreit und das Interesse für die Ich-Instanzen ausdrücklich in den Mittelpunkt der Aufmerksamkeit gerückt. Seither läßt das Arbeitsprogramm der analytischen Forschung sich sicher nicht mehr mit dem Namen Tiefenpsychologie decken. Wir definieren gewöhnlich: Aufgabe der Analyse ist die möglichst weitgehende Kenntnis aller drei Instanzen, aus denen wir uns die psychische Persönlichkeit zusammengesetzt denken, die Kenntnis ihrer Beziehungen untereinander und zur Außenwelt. Das bedeutet auf das Ich bezogen: seine Inhalte, seine Ausdehnung, seine Funktionen und die Geschichte seiner Abhängigkeiten von Außenwelt, Es und Über-Ich. Auf das Es bezogen, heißt es: die Beschreibung der Triebe, also der Es-Inhalte und das Verfolgen der Triebumwandlungen.

Es, Ich und Über-Ich in der Selbstwahrnehmung. – Wir wissen alle, daß die drei Instanzen in sehr verschiedener Weise der Beobachtung zugänglich sind. Für die Kenntnis des Es – des früheren Systems Ubw – (Unbewußtsein) – sind wir auf die Abkömmlinge angewiesen, die sich in die Systeme Vbw (Vorbewußtsein) und Bw (Bewußtsein) hinein fortsetzen. Wenn im Es ein Zustand von Ruhe und Befriedigung herrscht, in dem keine Triebregung Anlaß hat, zum Zwecke des Lusterwerbs ins Ich vorzustoßen und dort Spannungs- und Unlustgefühle zu erzeugen, so haben wir auch keine Möglichkeit, etwas über seine Inhalte zu erfahren. Das Es ist also, wenigstens theoretisch, der Beobachtung nicht unter allen Bedingungen zugänglich. Anders ist die Lage natürlich für die Über-Ich-Instanz. Die Inhalte des Über-Ichs sind zum größeren Teile bewußt, können also von der innerpsychischen Wahrnehmung direkt erreicht werden. Trotzdem entgleitet uns die Vorstellung des Über-Ichs, wo Ich und Über-Ich miteinander einig sind. Wir sagen dann: Ich und Über-Ich fallen zusammen, d. h. das Über-Ich als Einzelinstanz ist in diesem Augenblick für die Selbstwahrnehmung und den

Beobachter nicht erkennbar. Es wird nur dort deutlich, wo sich das Über-Ich dem Ich feindlich oder wenigstens kritisch gegenüberstellt, das heißt auch hier wieder, wenn sich im Ich Folgezustände solcher Kritik, z. B. Schuldgefühle bemerkbar machen.

Das Ich als Beobachter. – Das bedeutet aber, daß das Ich das eigentliche Gebiet ist, auf das unsere Beobachtung sich ständig richten muß. Das Ich ist sozusagen das Medium, durch das hindurch wir ein Bild der beiden andern Instanzen zu erfassen versuchen.

Diese Rolle des Beobachters dem Es gegenüber erfüllt das Ich im friedlichen Grenzverkehr mit ihm in ausgezeichneter Weise. Die einzelnen Triebregungen dringen immer wieder aus dem Es in das Ich vor; dort verschaffen sie sich Zugang zum Bewegungsapparat, mit dessen Hilfe sie ihre Befriedigung durchsetzen können. Im glücklichen Falle hat das Ich gegen den Eindringling nichts einzuwenden, stellt ihm seine Kräfte zur Verfügung und beschränkt sich darauf, wahrzunehmen: es spürt das Andrängen der Triebregung, die Spannungssteigerung mit den begleitenden Unlustgefühlen und schließlich die Lösung der Spannung im befriedigenden Lusterlebnis. Die Beobachtung des ganzen Vorgangs gibt uns ein klares, unentstelltes Bild der betreffenden Triebregung mit dem ihr zugehörigen Libidobetrag und ihrem Triebziel. Das mit der Triebregung einverstandene Ich ist in dieses Bild in keiner Weise mit eingezeichnet.

Leider bringt aber das Übertreten von Triebregungen aus einer Instanz in die andere alle Möglichkeiten zu Konflikten und damit auch zur Störung der Es-Beobachtung schon mit sich. Die Es-Regungen müssen auf ihrem Weg zur Befriedigung den Boden des Ichs passieren. Dabei geraten sie in eine fremde Atmosphäre. Im Es herrscht der sogenannte »Primärvorgang«; die Vorstellungen sind untereinander durch keine Synthese verbunden, die Affekte sind verschiebbar, Gegensätze stören einander nicht oder fallen zusammen, Verdichtungen stellen sich ohne weiteres her; die Gewinnung von Lust regiert die Vorgänge als oberstes Prinzip. Dagegen finden sich im Ich im Verkehr der Vorstellungen miteinander die strengen Bedingungen, die wir als sogenannten »Sekundärvorgang« zusammenfassen; auch die Triebregungen können nicht mehr ohne weiteres auf Lusterwerb ausgehen, man verlangt von ihnen Rücksichtnahme auf die Forderungen der Realität und noch mehr als das: Rücksichtnahme auf ethische und moralische Gesetze, die vom Über-Ich aus das Verhalten des Ichs bestimmen wollen. Die Triebregungen geraten so in Gefahr, den ihnen wesensfremden Instanzen zu mißfallen, setzen sich der Kritik und Zurückweisung aus und müssen sich Modifikationen aller Art gefallen lassen. Damit ist die Situation des friedlichen Grenzverkehrs zu Ende. Die Triebregungen halten mit der ihnen eigenen Zähigkeit und Energie an ihren Triebzielen fest und unternehmen feindliche Einfälle ins Ich, in der Hoffnung, es zu überrumpeln und zu überwältigen. Andererseits unternimmt das mißtrauisch gewordene Ich Gegenaktionen, Vorstöße nach dem Gebiet des Es hin. Seine Absicht ist die dauernde Lahmlegung von Trieben durch geeignete Abwehrmaßnahmen, die der Sicherung seiner Grenzen dienen sollen.

Die Bilder, die uns die Beobachtungstätigkeit des Ichs von diesen Vorgängen liefert, sind verwirrtere, aber gleichzeitig viel lohnendere. Sie zeigen uns in einem einzigen Augenblick zwei Instanzen in Tätigkeit. Was wir zu sehen bekommen, ist nicht mehr die unentstellte Es-Regung, sondern Es-Regung, modifiziert durch Abwehrmaßnahme des Ichs. Der analytische Beobachter steht dann vor der Aufgabe, das zustande gekommene Bild, das einem Kompromiß zwischen den Instanzen entspricht, wieder in einen Es-Anteil und einen Ich-, eventuell auch Über-Ich-Anteil zu zerlegen.

Es-Vorstöße und Ich-Vorstöße als Material der Beobachtung. — Dabei fällt uns auf, daß vom Standpunkt der Beobachtung aus die Vorstöße aus den beiden Richtungen sehr verschiedenen Wert haben. Alle abwehrenden Aktionen des Ichs gegen das Es hin gehen nämlich stumm und unsichtbar vor sich. Wir können sie immer erst nachträglich rekonstruieren, nie wirklich verfolgen. Das stimmt zum Beispiel für die gelungene Verdrängung. Das Ich weiß nichts von ihr, man nimmt sie überhaupt erst nachträglich durch das Auftreten von Ausfallerscheinungen wahr. Das heißt, bei einer objektiven Beurteilung des betreffenden Individuums fehlen bestimmte Es-Regungen, deren Auftauchen ins Ich zum Zwecke der Befriedigung man erwarten würde. Wenn sie nie mehr auftauchen, bleibt einem nichts übrig, als anzunehmen, daß ihnen der Zugang zum Ich dauernd verweigert wird, d. h. daß sie einer Verdrängung erlegen sind. Über den Vorgang der Verdrängung selbst haben wir dabei nichts Näheres erfahren.

Dasselbe gilt für die gelungene Reaktionsbildung, eine der wichtigsten Maßnahmen des Ichs für einen dauernden Schutz gegen das Es hin. Sie erscheint irgendwann im Laufe der kindlichen Entwicklung ziemlich unvermittelt im Ich. Man kann nicht immer sagen, daß die gegenteilige Triebregung, die durch sie ersetzt wird, vorher im Mittelpunkt der Aufmerksamkeit des Ichs gestanden hätte. Das Ich weiß gewöhnlich nichts von ihrer Abweisung und von dem ganzen Konflikt, der zur Einsetzung der neuen Eigenschaft geführt hat. Man wäre bei der analytischen Beobachtung bereit, sie als ein Stück spontaner Weiterbildung des Ichs anzusehen, wenn nicht bestimmte Züge von zwanghafter Überbetonung auf ihren reaktiven Charakter und den dahinter verborgenen alten Konflikt hinweisen würden. Jedenfalls läßt die Beobachtung dieser Abwehrform wieder nichts über den Vorgang erraten, der zu ihrer Entstehung geführt hat.

Wir merken, daß wir alle wichtigen Aufschlüsse immer aus dem Studium der Vorstöße von der andern Seite, nämlich vom Es zum Ich her bekommen haben. So undurchsichtig die gelungene Verdrängung ist, so durchsichtig wird der Verdrängungsprozeß bei der rückläufigen Bewegung, bei der Wiederkehr des Verdrängten, wie wir sie in der Neurose beobachten können. Hier ist der Kampf zwischen Triebregung und Abwehr Schritt für Schritt zu verfolgen. Ebenso studiert man den Vorgang der Reaktionsbildung am leichtesten am Zerfall von Reaktionsbildungen. Der Vorstoß vom Es her besteht dabei darin, daß die Libidobesetzung der primitiven Triebregung, die durch die Reaktionsbildung gedeckt ist, verstärkt wird. Dadurch drängt die Triebregung zum Bewußtsein vor, und für eine Weile werden Triebregung und Reaktionsbildung nebeneinander im Ich sichtbar. Eine andere Funktion des Ichs, seine Neigung zur Synthese, ist schuld daran, daß dieser Zustand, der für die analytische

Beobachtung außerordentlich günstig ist, nur für Augenblicke bestehen bleibt. Dann entsteht ein neuer Kampf zwischen Es-Abkömmling und Ich-Tätigkeit, in dem entschieden wird, wer von ihnen die Oberhand behält oder welchen Kompromiß beide miteinander eingehen. Bleibt die vom Ich ausgehende Abwehr durch Verstärkung ihrer Energiebesetzung siegreich, so hat der Vorstoß des Es ein Ende, und damit ist auch der für die Beobachtung unfruchtbare psychische Ruhezustand wieder hergestellt.

ZWEITES KAPITEL

Die Verwertung der analytischen Technik zum Studium der psychischen Instanzen

Das bisher Beschriebene entspricht etwa den Möglichkeiten zur Beobachtung der seelischen Vorgänge, die die Psychoanalyse vorgefunden hat. Ich möchte versuchen, im folgenden zusammenzustellen, in welcher Weise die Entwicklung der analytischen Technik sich mit diesen Verhältnissen auseinandergesetzt hat.

Die hypnotische Technik der voranalytischen Periode. – In der hypnotischen Technik der voranalytischen Periode war die Rolle des Ichs noch eine durchaus negative. Absicht war die Erfassung der Inhalte des Unbewußten, das Ich galt dabei nur als Störung. Daß man mit Hilfe der Hypnose das Ich des Patienten ausschalten oder doch überwältigen konnte, war schon bekannt. Neu war an der Technik, die in den »Studien über Hysterie« beschrieben ist, daß man diese Ausschaltung des Ichs benutzen konnte, um dem Arzt den Zugang zum Unbewußten – dem heutigen Es – des Patienten zu eröffnen, der bis dahin durch das Ich verlegt war. Die Aufdeckung des Unbewußten war also das ersehnte Ziel, das Ich die Störung, die Hypnose das Mittel zur zeitweisen Beseitigung des Störenden. Der Arzt verschafft dem in der Hypnose erfaßten Stück des Unbewußten den Zutritt zum Ich, und diese erzwungene Bewußtmachung wirkt lösend auf das Symptom. Aber das Ich selbst ist in den therapeutischen Prozeß nicht mit einbezogen. Es duldet den Eindringling nur, solange der Einfluß des Arztes fortwirkt, der die Hypnose durchgeführt hat. Dann revoltiert es, beginnt einen neuen Abwehrkampf gegen das ihm aufgenötigte Stück des Es und zerstört damit den mühsam erreichten therapeutischen Erfolg. Auf diese Weise wird der größte Triumph der hypnotischen Technik, die restlose Beseitigung des Ichs für die Dauer der Ausforschung, zur Störung für den Dauererfolg und führt zur Enttäuschung an ihr.

Die freie Assoziation. – Aber auch bei der freien Assoziation, die in der Folge die Hypnose als Hilfsmittel bei der Ausforschung ersetzt, ist die Rolle des Ichs zuerst noch eine negative. Man verzichtet zwar auf die Anwendung von Gewalt bei seiner Beseitigung. Statt dessen wird das Ich des Patienten aufgefordert, sich selber auszuschalten. Die Kritik der Einfälle soll aufgehoben, das sonst geltende Bedürfnis nach logischem Zusammenhang vernachlässigt werden. Das Ich wird sozusagen ersucht zu schweigen, das Es wird eingeladen zu reden, mit dem Versprechen, daß seine Abkömmlinge beim Aufsteigen zum Bewußtsein nicht den gewohnten Schwierigkeiten begegnen werden. Allerdings wird den Es-Abkömmlingen nicht versprochen, daß sie bei diesem Eintritt ins Ich irgendein Triebziel erreichen werden. Der Passierschein gilt nur für die Umsetzung in Wortvorstellungen, nicht für die Beherrschung des Bewegungsapparats, die eigentliche Absicht des Aufsteigens. Der Bewegungsapparat wird ja durch die strengen Regeln der analytischen Technik von vornherein lahmgelegt. Aus diesem Doppelspiel mit der Triebregung, der Aufforderung, sich zu äußern, bei gleichzeitiger konsequenter Verweigerung der Befriedigung, ergibt sich nebenbei eine der vielen Schwierigkeiten für die Handhabung der analytischen Technik.

Vielen Anfängern in der Analyse schwebt noch heute vor, es müßte ihnen gelingen, den Patienten dazu zu bringen, daß er wirklich dauernd alle Einfälle ungestört und ungehemmt äußert, also die analytische Grundregel restlos befolgt. Aber dieser ersehnte Idealzustand würde gar keinen Fortschritt bedeuten, würde im Grunde nur die überwundene Situation der Hypnose mit der einseitigen Konzentration des Arztes auf das Es wieder heraufbeschwören. Zum Glück für die Analyse ist eine solche Fügsamkeit des Patienten praktisch unmöglich. Die analytische Grundregel läßt sich immer nur ein Stück weit befolgen. Das Ich schweigt eine Zeitlang, und die Abkömmlinge des Es benutzen diese Ruhepause, um ins Bewußtsein zu drängen. Der Analytiker beeilt sich, ihre Äußerungen zur Kenntnis zu nehmen. Dann rührt das Ich sich wieder, wehrt sich gegen die ihm aufgezwungene untätige Toleranz und mischt sich mit irgendeiner seiner gewohnten Abwehrmaßnahmen störend in den Ablauf der Assoziationen ein. Der Patient verstößt gegen die analytische Grundregel, wir sagen, er zeigt »Widerstände«. Das soll heißen: Der Vorstoß vom Es zum Ich hin, der in ihm vor sich gegangen ist, wird durch eine Gegenaktion in umgekehrter Richtung abgelöst. Damit verschiebt sich aber auch die Aufmerksamkeit des Beobachters von den Assoziationen auf den Widerstand, also vom Es-Inhalt auf die Ich-Tätigkeit. Der Analytiker bekommt Gelegenheit, eine jener oben beschriebenen, schwer durchschaubaren Abwehrmaßnahmen des Ichs gegen das Es hin vor seinen Augen in Aktion treten zu sehen, und muß sie zum Objekt seiner Zerlegungsarbeit machen. Dabei merkt er, daß die Situation der Analyse mit diesem Wechsel des Objekts plötzlich eine andere geworden ist. Bei der Es-Analyse kommt ihm der spontane Auftrieb der Es-Abkömmlinge zu Hilfe; die Arbeit der Analyse und die Bestrebungen des Materials, das analysiert werden soll, drängen in die gleiche Richtung. Bei der Analyse der Abwehrtätigkeit des Ichs ist von einer solchen Gleichsinnigkeit der Richtung natürlich keine Rede. Die unbewußten Anteile des Ichs haben keine Neigung und keinen Vorteil davon, bewußt zu werden. Darum ist jedes solche Stück Ich-Analyse viel unbefriedigender als die Analyse des Es. Die Analyse geht auf Umwegen, sie kann die Ich-Tätigkeit nicht direkt verfolgen, nur aus ihrer Wirkung auf die Assoziationen rekonstruieren. Die Art dieser Wirkung, also ob in den Assoziationen Auslassungen, Umkehrungen, Sinnesverschiebungen usw. zu sehen sind, soll verraten, welcher Art der Abwehrtätigkeit sich das Ich bei seinem Einspruch bedient hat. Der Analytiker hat also die Aufgabe, zuerst den Mechanismus der Abwehr zu erkennen. Damit ist ihm ein Stück der Ich-Analyse gelungen. Seine nächste Aufgabe ist dann, das von der Abwehr Geleistete wieder rückgängig zu machen, d. h. das durch Verdrängung Ausgelassene zu erraten und wieder einzufügen, das Verschobene zurechtzurücken, das Isolierte wieder zu verbinden. Mit der Herstellung der zerrissenen Zusammenhänge ist auch seine Aufmerksamkeit wieder von der Ich-Analyse zur Es-Analyse zurückgekehrt.

Also nicht die Befolgung der analytischen Grundregel an und für sich, sondern der Kampf um die Befolgung der Grundregel ist das, worauf es uns ankommt. Erst dieses Hin und Her der Beobachtung zwischen Es und Ich, diese Doppelrichtung des Interesses auf beide Seiten des Menschen, den wir vor uns haben, ergibt – zum Unterschied von der Einseitigkeit der hypnotischen Technik – das, was wir Psychoanalyse nennen.

Die übrigen Hilfsmittel der analytischen Technik ordnen sich dann in zwangloser Weise der einen oder der anderen Richtung der Beobachtung als ergänzende Maßnahmen unter.

Die Traumdeutung. – Die Situation der Traumdeutung reproduziert noch einmal die der analytischen Beobachtung während der freien Assoziation. Der psychische Zustand des Träumers ist von dem des Patienten während der analytischen Stunde nur wenig verschieden. Die Herabsetzung der Ich-Leistungen, die der Patient in Befolgung der analytischen Grundregel willkürlich zustande bringen soll, stellt sich beim Träumer durch den Schlafzustand automatisch her. Die Stillegung des Patienten auf dem analytischen Sofa, die ihm die Möglichkeit nehmen soll, seinen Triebwünschen durch Handlungen zur Befriedigung zu verhelfen, wird durch die Stillegung der Motilität im Schlafzustand ersetzt. Und die Wirkungen der Zensurtätigkeit, die Überführung des latenten in den manifesten Traum mit den dabei notwendigen Entstellungen, Verdichtungen, Verschiebungen, Umkehrungen, Auslassungen entspricht den Entstellungen der Assoziationen unter dem Druck eines Widerstandes. Die Traumdeutung dient also der Erforschung des Es, soweit es ihr gelingt, latente Traumgedanken (Es-Inhalt) zutage zu fördern. Sie dient der Erforschung der Ich-Instanzen und ihrer

Abwehrtätigkeiten, soweit sie die Maßnahmen des Zensors aus ihren Wirkungen auf die Traumgedanken rekonstruiert.

Die Symboldeutung. – Ein Nebenprodukt der Traumdeutung, die Kenntnis der Traumsymbole, liefert uns dann einen starken Zuschuß zur Seite der Es-Forschung. Symbole sind festgelegte allgemeingültige Beziehungen zwischen bestimmten Es-Inhalten und bestimmten bewußten Wort- oder Sachvorstellungen. Die Kenntnis dieser Relationen erlaubt gesicherte Rückschlüsse von bewußten Äußerungen auf Unbewußtes, ohne Notwendigkeit, erst eine Abwehrmaßnahme des Ichs mühselig rückgängig zu machen. Die Technik der Symbolübersetzung erlaubt also einen Kurzschluß im Verständnis, besser gesagt, einen Sprung von der obersten Schicht des Bewußtseins zur untersten Schicht des Unbewußten mit Auslassung der dazwischenliegenden Schichten von alten Ich-Tätigkeiten, die vielleicht seinerzeit die Überführung dieses speziellen Es-Inhaltes in diese spezielle Ich-Form erzwungen haben. Für das Verständnis des Es hat die Kenntnis der Symbolsprache denselben Wert wie in der Mathematik die Formeln für die Lösung typischer Aufgaben. Man kann sich ihrer mit Vorteil bedienen. Es schadet nichts, wenn man den Weg nicht kennt, der ursprünglich zu ihrer Ableitung geführt hat. Man löst aber mit ihrer Hilfe Aufgaben, ohne dabei an Verständnis für die Mathematik zu gewinnen. Ebenso enthüllt man durch die Symbolübersetzung Es-Inhalte, ohne dabei das psychologische Verständnis für das Individuum, das man vor sich hat, wirklich zu vertiefen.

Die Fehlhandlungen. – Eine andere Art gelegentlicher Einblicke in das Unbewußte bekommen wir dann noch von der Seite jener Es-Durchbrüche, die wir Fehlhandlungen nennen. Diese Es-Durchbrüche, sind, wie wir wissen, nicht an die analytische Situation gebunden. Sie können überall dort vorkommen, wo die Wachsamkeit des Ichs durch irgendwelche Umstände eingeschränkt oder abgelenkt ist und eine unbewußte Regung durch irgendwelche Umstände plötzliche Verstärkung erfährt. Solche Fehlhandlungen, besonders das Versprechen und Vergessen, können natürlich auch innerhalb der analytischen Behandlung vorfallen und erhellen dann blitzartig ein Stück Unbewußtes, um das die analytische Deutung sich vielleicht lange bemüht hat. In den Anfängen der analytischen Technik bediente man sich solcher Zufallsgeschenke gerne, um Patienten, die der analytischen Einsicht sonst schwer zugänglich waren, die Existenz des Unbewußten in kaum abweisbarer Form vor Augen zu führen. Man freute sich wohl auch, einzelne Mechanismen, wie etwa Verschiebung, Verdichtung, Auslassung, an leichtverständlichen Beispielen demonstrieren zu können. Aber im allgemeinen verschwindet für die Analysentechnik die Bedeutung dieser zufälligen Vorkommnisse neben der Bedeutung derjenigen Es-Durchbrüche, die willkürlich in den Dienst der Analyse gestellt sind.

Die Übertragung. – Dieselbe theoretische Unterscheidung zwischen einer Seite der Es-Beobachtung und einer Seite der Ich-Beobachtung läßt sich dann noch auf das vielleicht wichtigste Hilfsmittel der analytischen Arbeit anwenden: auf die Deutung der Übertragung. Übertragung nennen wir alle jene Regungen des Patienten dem Analytiker gegenüber, die nicht in der aktuellen analytischen Situation neu entstehen, sondern aus früheren und frühesten Objektbeziehungen stammen und unter dem Einfluß des Wiederholungszwanges in der analytischen Situation nur neu belebt werden. Daß diese Regungen Wiederholungen und nicht Neuschöpfungen sind, macht sie eben in höchstem Maße dazu geeignet, uns Kenntnisse über die vergangenen Gefühlserlebnisse des Patienten zu vermitteln. Es scheint nun, daß sich bei den Übertragungsäußerungen der Patienten der Kompliziertheit nach verschiedene Typen unterscheiden lassen.

a) Die Übertragung libidinöser Regungen. – Der erste Typus ist höchst einfacher Art. Der Patient empfindet dem Analytiker gegenüber in störender Weise heftige Gefühle, wie Liebe, Haß, Eifersucht, Angst, die durch kein Vorkommnis der Gegenwart berechtigt erscheinen. Der Patient selbst wehrt sich gegen diese Gefühle, fühlt sich durch ihre ungewollte Äußerung beschämt, gedemütigt usw. Es gelingt oft nur unter dem Druck der analytischen Grundregel, ihnen überhaupt den Zugang zur bewußten Äußerung zu erzwingen. Die analytische Durchforschung kennzeichnet diese Gefühle als Es-Durchbrüche. Sie entstammen alten Gefühlskonstellationen wie dem Ödipus- und Kastrationskomplex und werden verständlich und berechtigt, wenn wir sie aus der analytischen Situation herauslösen und in eine der infantilen Gefühlssituationen eintragen. Diese Rückversetzung hilft uns, eine amnestische Lücke in der Vergangenheit des Patienten auszufüllen, sie liefert uns ein neues Stück Kenntnis über sein infantiles Trieb- und Gefühlsleben. Gewöhnlich haben wir bei einem solchen Deutungsversuch an unserm Patienten einen willigen Mitarbeiter. Er selber empfindet die übertragene Gefühlsregung ja als eingedrungenen Fremdkörper. Die Rückversetzung der Regung in die Vergangenheit befreit ihn von einem ich-fremden Impuls in der Gegenwart und ermöglicht ihm dadurch die weitere Fortsetzung der analytischen Arbeit. Die Deutung dieses ersten Typus von Übertragung dient dabei ausschließlich der Seite der Es-Beobachtung.

b) Die Übertragung von Abwehr. – Anders ist es bei dem zweiten Übertragungstypus. Der Wiederholungszwang, dem der Patient in der analytischen Situation unterliegt, erstreckt sich nicht nur auf alte Es-Regungen, sondern in derselben Weise auch auf alte Maßnahmen der Triebabwehr. Der Patient überträgt also nicht nur unentstellte infantile Es-Regungen, die dann erst sekundär beim Durchdringen zur bewußten Äußerung einer Zensur des erwachsenen Ichs unterworfen werden; er überträgt auch Es-Regungen in allen jenen Formen von Entstellung, die bereits im infantilen Leben ausgeprägt worden sind; im extremen Fall ist das, was in die Übertragung gelangt, überhaupt nicht mehr die Triebregung selbst, sondern nur die spezielle Abwehr einer bestimmten positiven oder negativen libidinösen Einstellung, wie etwa die Fluchtreaktion vor der Gefahr einer positiven Liebesbindung bei latenter weiblicher Homosexualität oder wie die von Wilhelm Reich betonte unterwürfige, feminin-masochistische Haltung des ehemals gegen den Vater aggressiven männlichen Patienten. Ich meine, wir tun dem Patienten ein großes Unrecht, wenn wir diese übertragenen Abwehrreaktionen als »Täuschungsmanöver«, als »Frotzelei« oder als irgendeine andere Art des willkürlichen Hintergehens des Analytikers bezeichnen. Es wird uns auch kaum gelingen, den Patienten durch konsequente Durchsetzung der analytischen Grundregel, also durch den Zwang zur Aufrichtigkeit dazu zu bewegen, die Es-Regung preiszugeben, die sich hinter der in der Übertragung geäußerten Abwehrform verbirgt. Der Patient ist bereits aufrichtig, wenn er den Trieb oder Affekt in der einzigen ihm noch zugänglichen Form, nämlich in der entstellten Abwehrform äußert. Ich meine, es ist in diesem Fall nicht die Aufgabe des Analytikers, mit Überspringen aller Zwischenstufen der Triebumwandlung um jeden Preis direkt die abgewehrte primitive Triebregung zu erraten und der bewußten Kenntnis des Patienten einzufügen. Es ist der richtigere Weg, die analytische Aufmerksamkeit hier vom Trieb weg zuerst auf den speziellen Mechanismus der Triebabwehr, also vom Es auf das Ich hin zu richten. Wenn es gelingt, den Weg der Triebumwandlung rückläufig zu gehen, so ist der analytische Gewinn ein doppelter. Die gedeutete Übertragungsäußerung zerfällt in zwei Anteile, die beide der Vergangenheit entstammen: in einen libidinösen oder aggressiven Anteil, der dem Es zugehört, und in einen Abwehrmechanismus, den wir dem Ich zuschreiben müssen, im instruktivsten Fall dem Ich derselben infantilen Periode, in der die Es-Regung zuerst entstanden ist. Neben der Ausfüllung der Erinnerungslücke für das Triebleben des Patienten, die schon bei der Deutung des ersten einfachen Übertragungstypus gelingt, erhalten wir hier Auskünfte, die die Geschichte der Ich-Entwicklung des Patienten, wenn wir es anders sagen wollen, die Geschichte seiner Triebumwandlungen ausfüllen und ergänzen.

Diese lohnenderen Deutungsversuche des zweiten Übertragungstypus bringen aber die meisten technischen Schwierigkeiten mit sich, die zwischen Analytiker und Patient entstehen. Der Patient empfindet Übertragungsreaktionen der zweiten Art nicht als Fremdkörper. Das ist bei dem starken Anteil, den das Ich – wenn auch das Ich früherer Jahre – an ihrem Zustandekommen hat, nicht weiter verwunderlich. Der Patient ist von dem Wiederholungscharakter dieser Äußerungen nur schwer zu überzeugen. Diese Form, in der sie in seinem Bewußtsein auftauchen, ist ich-gerecht. Die für die Zensur notwendigen Entstellungen sind bereits in der

Vergangenheit vollzogen, das erwachsene Ich sieht keinen Grund, sich gegen ihr Auftauchen in der freien Assoziation zur Wehr zu setzen. Über Diskrepanzen zwischen Anlaß und Wirkung, die dem Beobachter auffallen und die Übertragung als objektiv unberechtigt erscheinen lassen, täuscht sich der Patient leicht mit Rationalisierungen hinweg. Wir können also bei dieser Form der Übertragungsreaktionen nicht wie bei den zuerst beschriebenen mit der willigen Mitarbeit des Patienten rechnen. Soweit die Deutungsarbeit sich gegen die unbekannten Anteile des Ichs, die alten Ich-Tätigkeiten richtet, ist das ganze Ich des Patienten ein Gegner der analytischen Arbeit. Das ist offenbar die Situation, die wir mit dem nicht sehr geeigneten Namen »Charakteranalyse« zu bezeichnen gewohnt sind.

Wir trennen also theoretisch die Auskünfte, die wir aus diesen Übertragungsdeutungen beziehen, in eine Gruppe von bewußt gemachten Es-Inhalten und eine Gruppe von bewußt gemachten Ich-Tätigkeiten. Die Unterteilung sieht nicht anders aus als bei den Ergebnissen der Deutung während der freien Assoziation: der ungestörte Fluß der Einfälle bringt Aufklärung über Es-Inhalte, das Einsetzen eines Widerstandes bringt Aufklärung über Abwehrmechanismen. Ein Unterschied liegt nur darin, daß die Übertragungsdeutungen sich ausschließlicher auf die Vergangenheit beziehen und ganze Perioden der individuellen Vergangenheit des Patienten auf einmal aufhellen können. Die Es-Inhalte, die der freie Einfall zutage fördert, sind dagegen nicht an bestimmte Epochen gebunden und die vom Ich ausgehenden Abwehrtätigkeiten, die in der Stunde als Widerstand gegen das Assoziieren auftreten, können auch dem gegenwärtigen Leben des Patienten angehören.

c) Das Agieren in der Übertragung. – Eine dritte Form der Übertragung liefert uns dann noch einen wichtigen Beitrag anderer Art zur Kenntnis des Patienten. Bei der Traumdeutung, der freien Assoziation, der Widerstandsdeutung und den bisher geschilderten Formen der Übertragung sehen wir den Patienten immer innerhalb der analytischen Situation, d. h. in einem unnatürlichen innerpsychischen Zustand vor uns. Die relative Stärke der Instanzen ist das eine Mal durch den Schlafzustand, das andere Mal durch die Befolgung der analytischen Grundregel zugunsten des Es verschoben. Wir lernen die Ich-Instanzen immer nur geschwächt und herabgesetzt, das eine Mal als Zensor des Traumes, das andere Mal als Widerstand gegen den freien Einfall kennen und haben oft alle Mühe, sie uns in ihrer natürlichen Größe und Stärke vorzustellen. Wir kennen alle den Vorwurf, der den Analytikern oft genug gemacht wird: daß sie zwar gute Kenner der Unbewußten, aber schlechte Beurteiler des Ichs ihrer Patienten sind. Er bezieht wahrscheinlich aus diesem Mangel an Gelegenheit, das ganze Ich des Patienten in Aktion zu sehen, ein Stück Berechtigung.

Nun gibt es eine Steigerung der Übertragung, bei der der Patient sich den strengen Regeln der analytischen Kur zeitweise entzieht und sowohl die Trieb- wie auch die Abwehrseite seiner übertragenen Gefühle in Handlungen des täglichen Lebens umzusetzen beginnt. Dieses sogenannte Agieren in der Übertragung, das strenggenommen schon außerhalb der Analyse vor sich geht, wird für die Analyse dadurch lehrreich, daß es uns die innere Struktur des Patienten in ihren natürlichen Größenverhältnissen zwangsläufig vor Augen führt. Wo immer die Deutung des Agierens gelingt, dort können wir die Übertragungsaktionen in die Bestandteile zerlegen, die der wirklichen momentanen quantitativen Beteiligung der einzelnen Instanzen entsprechen. Der von jeder Instanz beigesteuerte Energiebetrag wird zum Unterschied von unseren Beobachtungen während der freien Assoziation in seiner natürlichen absoluten und relativen Größe sichtbar.

Trotz dieser wertvollen Einsicht, die es uns liefert, ist der therapeutische Gewinn aus der Deutung des Agierens gewöhnlich gering. Die Möglichkeit zur Bewußtmachung des Unbewußten und die therapeutische Einflußnahme auf die Beziehungen zwischen Es, Ich und Über-Ich beruhen offenbar auf dem künstlich hergestellten, immer noch hypnoseähnlichen Zustand der analytischen Situation, bei dem die Aktivität der Ich-Instanzen herabgesetzt ist. Solange das Ich in voller Funktion bleibt, und wo es als Bundesgenosse des Es nur mehr dessen Aufträge ausführt, bleibt für innerpsychische Verschiebungen und Einflußnahme von außen her nur wenig Gelegenheit. Darum ist für den Analytiker diese dritte Form der Übertragung, das Agieren, noch schwerer zu handhaben als die Übertragung der Abwehrformen. Es ist verständlich, daß er versucht, sie mit analytischen Deutungen und unanalytischen Verboten möglichst einzuschränken.

Das Verhältnis zwischen Ich-Analyse und Es-Analyse. – Ich habe diese Einteilung der Übertragungsäußerungen in eine Übertragung von libidinösen Strebungen, eine Übertragung von Abwehrhaltungen und ein Agieren in der Übertragung deshalb so ausführlich geschildert, um zu zeigen, daß die technischen Schwierigkeiten der Analyse verhältnismäßig geringere sind, wo es sich um die Bewußtmachung von Es-Abkömmlingen handelt, und daß sie dort am größten sind, wo die Analyse die unbewußten Anteile des Ichs angreifen soll. Besser gesagt: es liegt nicht an der analytischen Technik an und für sich. Sie ist zur Bewußtmachung des Unbewußten im Ich ebenso gut geeignet wie zur Bewußtmachung des Unbewußten in Es oder Über-Ich. Nur sind uns Analytikern die Schwierigkeiten der Ich-Analyse noch fremder als die der Es-Analyse. Seitdem für unsere theoretischen Vorstellungen der Begriff des Ichs nicht mehr mit dem des Systems Wahrnehmung-Bewußtsein zusammenfällt, seitdem wir also wissen, daß auch ganze Stücke der Ich-Instanzen unbewußt sind und auf ihre Bewußtmachung mit Hilfe der analytischen Technik warten, ist die analytische Arbeit am Ich sehr in unserer Achtung gestiegen. Alles, was sich von der Ich-Seite her in die Analyse einmischt, ist ebenso gutes Material wie irgendein Es-Abkömmling. Wir haben kein Recht, es nur als Störung der Es-Analyse aufzufassen. Nur ist natürlich alles, was von dieser Seite des Ichs kommt, auch Widerstand, in jeder Bedeutung des Wortes: eine Kraft, die gegen das Auftauchen aus dem Unbewußten und damit gegen die Arbeit des Analytikers gerichtet ist. Wir möchten gerne lernen, uns in dieser Ich-Seite der Analyse, obwohl sie gegen den Willen des Ichs durchgeführt werden muß, wenigstens ebenso sicher zu fühlen wie in der Analyse der Es-Seite unserer Patienten.

Technische Einseitigkeiten und Schwierigkeiten. – Wir wissen aus dem bereits Geschilderten, daß die Beschäftigung mit dem freien Einfall, mit den latenten Traumgedanken, der Symbolübersetzung und den Inhalten der phantasierten oder agierten Übertragung in einseitiger Weise der Es-Erforschung dient. In ebenso einseitiger Weise dient das Studium der Widerstände, der Arbeit der Traumzensur und der übertragenen Abwehrformen von Triebregungen und Phantasien der Erforschung der unbekannten Tätigkeiten von Ich und Über-Ich. Wenn es richtig ist, daß erst die unparteiische Vermischung beider Forschungsrichtungen ein vollständiges Bild der inneren Verhältnisse der Analysierten gibt, dann muß es auch stimmen, daß die Bevorzugung irgendeines der analytischen Hilfsmittel auf Kosten aller andern immer nur verzerrte, entstellte oder zumindest unvollständige Bilder der psychischen Persönlichkeit zustande bringen kann.

Eine Technik zum Beispiel, die sich in zu ausschließlicher Weise der Symbolübersetzung bedienen würde, wäre in Gefahr, auch in zu ausschließlicher Weise Es-Inhalte zutage zu fördern. Wer mit ihr arbeitet, würde leicht geneigt sein, die unbekannten Anteile der Ich-Instanzen zu vernachlässigen oder doch geringer zu schätzen, die nur mit andern analytischen Mitteln bewußt gemacht werden können. Man könnte die Berechtigung einer solchen Technik damit verteidigen, daß man meint, sie hätte den Umweg über das Ich eben nicht nötig, sie könne das verdrängte Triebleben auf direktem Wege erreichen. Aber ihre Ergebnisse bleiben doch unvollständig. Nur die Analyse der unbewußten Abwehrtätigkeiten des Ichs ermöglicht uns, auch die Triebumwandlungen zu rekonstruieren. Ohne sie erfahren wir zwar viel über die Inhalte der verdrängten Triebwünsche und Phantasien, aber wenig oder nichts über ihre Schicksale und die Wege ihrer Verwendung im Aufbau der Persönlichkeit.

Eine Technik, die extrem nach der andern Seite hin arbeiten, also die Analyse der Widerstände ausschließlich in den Vordergrund rücken würde, hätte in ihren Ergebnissen auch die Lücken auf der andern Seite. Wir bekämen auf diese Weise ein vollständiges Bild des Ich-Aufbaues im Analysierten, würden aber auf die Tiefe und Vollständigkeit seiner Es-Analyse verzichten müssen.

Ähnlich wäre es mit einer Technik, die die Übertragung in extremem Maß zu benutzen versuchte. Es ist keine Frage, daß die Patienten im Zustand gesteigerter Übertragung, den ein solcher technischer Versuch begünstigen würde, reichliches Material aus den tiefsten Schichten des Es produzieren. Aber sie überschreiten dabei ihre analytische Situation. Ihr Ich bleibt nicht außerhalb, ermäßigt, geschwächt, objektiv, als Beobachter, der außer Tätigkeit gesetzt ist. Es wird ergriffen, überschwemmt und zum Handeln mitgerissen. Wenn es sich auch, vom Wiederholungszwang überwältigt, ganz als infatiles Ich benimmt, so ändert das doch nichts daran, daß es agiert, statt zu analysieren. Das heißt aber, daß eine solche Technik nach anfänglichen großen Hoffnungen auf Vertiefung unserer Kenntnis des Patienten am Ende aller therapeutischen Enttäuschungen mit sich bringen kann, die wir unseren theoretischen Vorstellungen nach vom Agieren in der Übertragung zu erwarten haben.

Auch die von mir vertretene Technik der Kinderanalyse ist ein gutes Beispiel für die Gefahren der Einseitigkeit. Wenn man auf die freie Assoziation verzichten muß, mit der Symboldeutung sparsam ist und die Übertragungsdeutungen erst spät in der Entwicklung der Behandlung beginnt, sind einem drei wichtige Zugänge zur Aufdeckung der Es-Inhalte und der Ich-Tätigkeiten verschlossen. Es entsteht dann die Frage, die ich erst im nächsten Kapitel beantworten möchte, wie man den Ausfall an diesen Stellen wieder gutmachen und trotzdem über die oberflächlichen Schichten des Seelenlebens hinauskommen kann.

DRITTES KAPITEL

Die Abwehrtätigkeit des Ichs als Objekt der Analyse

Das Verhältnis des Ichs zum analytischen Verfahren. — Die langwierigen und umständlichen theoretischen Auseinandersetzungen des letzten Kapitels lassen sich im Praktischen in wenige einfache Sätze zusammenfassen. Es ist die Aufgabe des Analytikers, Unbewußtes bewußt zu machen, gleichgültig, welcher Instanz dieses Unbewußte angehört. Der Analytiker richtet seine Aufmerksamkeit gleichmäßig und objektiv auf alle drei Instanzen, soweit sie unbewußte Anteile enthalten; er verrichtet seine Aufklärungsarbeit, wie man mit einem anderen Ausdruck sagen könnte, von einem Standpunkt aus, der von Es, Ich und Über-Ich gleichmäßig distanziert ist.

Die klare Objektivität dieses Verhältnisses wird aber leider durch verschiedene Umstände getrübt. Die Unparteilichkeit des Analytikers bleibt unerwidert, die verschiedenen Instanzen reagieren auf seine Bemühungen in verschiedener Weise. Von den Es-Regungen wissen wir, daß sie selber keine Neigung haben, unbewußt zu bleiben. Sie besitzen ihren eigenen Auftrieb, eine ständig vorhandene Tendenz, sich zum Bewußtsein und damit zur Befriedigung hin durchzusetzen, oder wenigstens Abkömmlinge auf die Oberfläche des Bewußtseins vorzuschicken. Die Arbeit des Analytikers läuft, wie oben geschildert, diesem Auftrieb gleichsinnig und verstärkt seine Wirksamkeit. Der Analytiker erscheint auf diese Weise den verdrängten Anteilen des Es als Helfer und Befreier.

Dem Ich und Über-Ich gegenüber liegen die Verhältnisse anders. Soweit die Ich-Instanzen sich mit ihren eigenen Methoden um Bändigung der Es-Regungen bemüht haben, erscheint der Analytiker als Störenfried. Seine Zerlegungsarbeit hebt mühsam zustande gebrachte Verdrängungen wieder auf und zerstört Kompromißbildungen, die zwar der Wirkung nach pathologisch, der Form nach aber durchaus ich-gerecht waren. Die Arbeit des Analytikers zur Bewußtmachung des Unbewußten und die Arbeit der Ich-Instanzen zur Bewältigung des Trieblebens laufen entgegengesetzt. Soweit die Krankheitseinsicht des Individuums nicht anders entscheidet, gilt daher den Ich-Instanzen die Absicht des Analytikers als drohende Gefahr.

Den Ausführungen des vorigen Kapitels folgend, läßt sich danach das Verhältnis des Ichs zur analytischen Bemühung als dreifaches beschreiben. Das Ich ist Bundesgenosse der Analyse, soweit es die oben geschilderte Selbstbeobachtung ausübt, seine Fähigkeiten in dieser Beziehung der Analyse zur Verfügung stellt und durch die auf seinem Boden anlangenden Abkömmlinge ein Bild der andern Instanzen vermittelt. Das Ich ist Gegner der Analyse, soweit es sich bei dieser Selbstbeobachtung unverläßlich und parteiisch benimmt, bestimmte Daten gewissenhaft registriert und weitermeldet, andere fälscht, zurückweist und vom Sichtbarwerden abhält, im Widerspruch zur analytischen Forschung, die ohne Unterschied alles, was auftaucht, auch zu sehen verlangt. Das Ich ist schließlich selbst Objekt der Analyse, soweit diese Abwehrtätigkeit, die es ständig ausübt, unbewußt vor sich geht und erst mühsam zur Kenntnis des Bewußtseins gebracht werden muß, nicht viel anders als die unbewußte Aktivität irgendeiner der verpönten Triebregungen.

Triebabwehr und Widerstand. — Ich habe mich im letzten Kapitel bemüht, Es-Analyse und Ich-Analyse, die in der praktischen Arbeit untrennbar miteinander verbunden sind, für die Zwecke dieser Untersuchung theoretisch voneinander zu lösen. Ein solcher Versuch bestätigt nur noch einmal die Erfahrung, daß alles Material, das der Förderung der Ich-Analyse dient, im analytischen Verfahren in der Form von Widerstand gegen die Es-Analyse auftaucht. Der Tatbestand ist so selbstverständlich, daß er kaum eine Erklärung braucht. Das Ich wird in der Analyse überall dort aktiv, wo es einen Vorstoß des Es durch Gegenaktionen verhindern möchte. Da es die Aufgabe der analytischen Methode ist, den Vorstellungen, welche den verdrängten Trieb repräsentieren, Zugang zum Bewußtsein zu verschaffen, also solche Vorstöße zu fördern, wird die Abwehrhandlung des Ichs gegen die Triebrepräsentanz automatisch zum aktiven Widerstand gegen die analytische Arbeit. Da ferner der Analytiker mit seinem persönlichen Einfluß für die Einhaltung der analytischen Grundregeln eintritt, die das Auftauchen solcher Vorstellungen in der freien Assoziation ermöglicht, richtet sich die Triebabwehr des Ichs auch als direkte Gegenwehr gegen die Person des Analytikers. Feindseligkeit gegen den Analytiker und erhöhte Abwehr gegen das Auftauchen von Es-Regungen fallen automatisch zusammen. In denjenigen Augenblicken der Analyse, in denen die Abwehr schweigt und die Triebrepräsentanzen ungehindert als freie Einfälle auftauchen können, ist auch das Verhältnis des Ichs zum Analytiker von dieser Seite aus ein ungestörtes.

Es ist selbstverständlich, daß diese eine Art des Widerstandes die Möglichkeiten der analytischen Widerstände noch nicht erschöpft. Neben diesen sogenannten Ich-Widerständen gibt es, wie wir wissen, die anders zusammengesetzten Übertragungswiderstände und die in der Analyse schwer zu überwindenden Gegenkräfte, die auf den Wiederholungszwang zurückgehen. Nicht jeder Widerstand ist also das Ergebnis einer Abwehrhandlung des Ichs. Aber jede solche Abwehrhandlung des Ichs gegen das Es kann, wenn sie in der Analyse vorfällt, nur als Widerstand gegen die analytische Arbeit gespürt werden. Die Analyse dieses Ich-Widerstandes gibt uns eine gute Gelegenheit, unbewußte Abwehrtätigkeit des Ichs in voller Lebendigkeit zu beobachten und bewußt zu machen.

Affektabwehr. – Die Streitigkeiten zwischen Ich und Trieb sind nicht die einzigen Gelegenheiten, die eine solche schärfere Beobachtung der Ich-Tätigkeit ermöglichen. Das Ich steht nicht nur im Kampf mit den Triebabkömmlingen, die auf seinem Boden den Zutritt zum Bewußtsein und zur Befriedigung finden möchten. Es entfaltet dieselbe aktive und energische Gegenwehr auch gegen die Affekte, die an diese Triebimpulse gebunden sind. Bei einer Zurückweisung der Triebansprüche ist es immer seine nächste Aufgabe, sich mit diesen Affekten auseinanderzusetzen. Liebe, Sehnsucht, Eifersucht, Kränkung, Schmerz und Trauer als Begleiter der sexuellen Wünsche, Haß, Zorn und Wut als Begleiter der aggressiven müssen sich, wenn der Triebanspruch, dem sie zugehören, abgewehrt wird, vom Ich Bewältigungsversuche aller Art, d. h. Verwandlungen gefallen lassen. Wo immer innerhalb oder außerhalb der Analyse Affektumwandlungen vorfallen, war das Ich aktiv. Überall dort ergibt sich also auch Gelegenheit, Ich-Tätigkeit zu studieren. Wir wissen, das Schicksal des Affektbetrags ist nicht einfach dasselbe wie das der Vorstellung, die den Triebanspruch repräsentiert. Aber die Abwehrmöglichkeiten, die einem und demselben Ich zur Verfügung stehen, sind doch offenbar begrenzte. Das individuelle Ich bevorzugt zu bestimmten Lebensphasen, seiner bestimmten Struktur entsprechend, bald die einen, bald die andern der Abwehrtechniken, wie etwa Verdrängung, Verschiebung, Verkehrung ins Gegenteil usw., die es dann sowohl im Kampf gegen den Trieb wie auch in der Abwehr gegen die Affektentbindung verwenden kann. Wenn wir wissen, wie ein bestimmter Patient sich gegen das Auftauchen seiner Triebregungen wehrt, d. h. welche Art von Ich-Widerständen er zu machen pflegt, so haben wir auch schon eine Vorstellung davon, wie dieser selbe Mensch sich seinen eigenen unwillkommenen Affekten gegenüber verhalten kann. Wenn bei einem andern Patienten bestimmte Formen von Affektverwandlung besonders deutlich sind, etwa vollkommene Unterdrückung der Gefühle, Verleugnung usw., so werden wir nicht erstaunt sein, wenn er seinen Triebregungen und seinen freien Einfällen gegenüber in der Abwehr dieselben Methoden gebraucht. Es ist dasselbe Ich, das eben alle Mittel, die es zur Verfügung hat, mehr oder weniger durchgängig in allen seinen Kämpfen verwendet.

Permanente Abwehrerscheinungen. — Ein weiteres Gebiet, auf dem sich Abwehrtätigkeit des Ichs studieren läßt, sind dann diejenigen Erscheinungen, auf die sich Wilhelm Reich in seiner »konsequenten Widerstandsanalyse« bezieht[1]. Körperliche Haltungen wie Steifheit und Starre, Eigenheiten des Wesens wie ein stereotypes Lächeln, höhnisches, ironisches und hochmütiges Benehmen sind Rückstände ehemals sehr aktiver Abwehrvorgänge, die sich von ihren Ursprungssituationen, dem Kampf mit Trieb oder Affekt gelöst haben und zum ständigen Charakterzug, zur »Charakterpanzerung«, wie Reich es nennt, geworden sind. Wo es in der Analyse gelingt, sie auf ihren historischen Ursprung zurückzuführen, löst sich ihre Erstarrung, und der Zugang zur lebendigen und aktuellen Abwehrtätigkeit des Ichs stellt sich wieder her, der durch ihre Fixierung verschüttet war. Da diese Abwehrformen permanent geworden sind, ist es nicht mehr möglich, ihr Auftauchen und Verschwinden mit dem Auftauchen und Verschwinden der Triebansprüche und Affekte von innen und den Versuchssituationen und Affektanlässen von außen her in Beziehung zu bringen. Ihre Analyse ist darum besonders mühsam. Man ist sicher nur dort

[1] W. Reich, Charakteranalyse, Technik und Grundlagen für studierende und praktizierende Analytiker. Wien, 1933.

berechtigt, sie in den Vordergrund der Arbeit zu schieben, wo überhaupt kein lebendiger Kampf zwischen Ich, Trieb und Affekt mehr zu finden ist. Es ist auch sicher nicht berechtigt, den Namen Widerstandsanalyse, der die Arbeit an allen Widerständen decken muß, für die Arbeit an ihnen allein in Anspruch zu nehmen.

Symptombildung. – Dieselben Abwehrtechniken, die sich bei der Analyse von Ich-Widerständen, Triebabwehr und Affektverwandlungen im lebendigen Fluß, bei der Analyse von permanenten Charakterpanzerungen in erstarrter Form erfassen und bewußt machen lassen, finden wir im großen fixiert noch einmal beim Studium der neurotischen Symptombildung wieder. Der Anteil des Ichs an der Kompromißbildung, die wir Symptom nennen, besteht eben im fixierten Gebrauch einer bestimmten Abwehrmethode gegenüber einem bestimmten Triebanspruch, der bei der stereotypen Wiederkehr des Triebanspruchs in immer derselben Weise wiederholt wird. Wir wissen[2], daß bestimmte Neurosen feste Beziehungen zu bestimmten Abwehrtechniken haben, wie etwa die Hysterie zur Verdrängung, die Zwangsneurose zur Isolierung und zum Ungeschehenmachen. Diese festen Beziehungen zwischen Neurose und Abwehrmechanismus lassen sich in das Gebiet der Affektabwehr und der Ich-Widerstandsform fortsetzen. Die Art, wie ein bestimmter Patient sich in der Analyse seinen freien Einfällen gegenüber verhält, wie er, allein gelassen seine Triebansprüche bewältigt, wie er unerwünschte Affekte abwehrt, läßt im vorhinein Schlüsse auf die Art seiner Symptombildung zu. Das Studium seiner Symptombildung anderseits erlaubt Rückschlüsse auf den Bau seiner Widerstände, seiner Affekt- und Triebabwehr. Für Hysterie und Zwangsneurose ist uns diese Parallele, besonders zwischen Symptombildung und Widerstandsform am ehesten geläufig. Der hysterische Patient gebraucht bei der Symptombildung im Kampf mit dem Trieb vor allem die Verdrängung: er entzieht den Vorstellungen, die den sexuellen Anspruch repräsentieren wollen, das Bewußtsein. Dem entspricht die Form seines Widerstandes

[2] Aus einer Bemerkung in »Hemmung, Symptom und Angst«; vgl. auch unten S. 35, Anm. 3, wo diese Stelle angeführt wird.

gegen die freie Assoziation. Einfälle, die die Abwehr des Ichs herausfordern, werden einfach beseitigt. Der Patient empfindet nur eine Leere im Bewußtsein. Er schweigt; d. h. in seiner Einfallsreihe hat sich dieselbe Unterbrechung hergestellt wie bei der Symptombildung in seinem Triebablauf. Von dem zwangsneurotischen Ich anderseits hören wir, daß es bei der Symptombildung die Abwehrtechnik der Isolierung gebraucht. Es zerreißt also nur die Bedeutungszusammenhänge und erhält dabei die Triebregungen im Bewußtsein. Dementsprechend ist auch der Widerstand des zwangsneurotischen Patienten ein anderer. Dieser schweigt nicht, er spricht auch im Widerstand, aber er zerreißt die Zusammenhänge zwischen seinen Einfällen, isoliert Vorstellung und Affekt beim Sprechen, so daß uns seine Assoziationen im kleinen ebenso unsinnig erscheinen müssen wie seine zwangsneurotischen Symptome im großen.

Triebabwehr und Affektabwehr in der Analysentechnik. – Eine jugendliche Patientin sucht eine analytische Behandlung wegen schwerer Angstzustände auf, die ihr Leben und ihren Schulbesuch stören. Obwohl sie auf Drängen ihrer Mutter kommt, erzählt sie bereitwillig von ihren vergangenen und gegenwärtigen Lebensumständen. Ihr Benehmen gegen die Analytikerin ist dabei freundlich und offen. Es wird nur auffällig, daß sie in ihren Berichten jede Anspielung auf ihr Symptom sorgfältig vermeidet. Angstanfälle, die sich zwischen den Analysenstunden abspielen, werden nicht erwähnt. Wenn die Analytikerin das Symptom eigenmächtig in die Analyse ziehen will oder Deutungen der Angst gibt, die sich auf deutliche andere Mitteilungen in den Einfällen stützen, so verwandelt sich das freundliche Verhalten der Patientin. Sie überschüttet die Analytikerin bei jedem dieser Anlässe mit höhnischen und spöttischen Bemerkungen. Der Versuch, diese Haltung der Patientin mit ihrem Verhältnis zur Mutter in Zusammenhang zu bringen, mißlingt vollkommen. Die bewußte und unbewußte Beziehung des jungen Mädchens zu seiner Mutter zeigt ein ganz anderes Bild. Der immer wieder auftauchende Hohn und Spott macht die Analytikerin ratlos und die Patientin unzugänglich für die weitere analytische Hilfeleistung. Die eingehendere Analyse ergibt dann, daß dieser Hohn und Spott gar keine Übertragungsreaktion im eigentlichen Sinne und gar nicht an die analytische Situation gebunden ist. Die Patientin verwendet ihn überall dort gegen sich selbst, wo in ihrem Affektleben zärtliche, sehnsüchtige und ängstliche Gefühle auftauchen wollen. Je stärker das Andringen des Affektes ist, desto lauter und abfälliger wird sie in ihren höhnischen Bemerkungen über sich selbst. Die Analytikerin zieht diese Abwehrreaktionen nur sekundär auf sich, weil sie die Ansprüche der Angstgefühle auf bewußte Verarbeitung vertritt. Die Deutung der Angstinhalte, auch wenn sie sich aus den übrigen Mitteilungen richtig erraten läßt, bleibt wirkungslos, solange jede Annäherung an den Affekt die Abwehr nur steigert. Es ist in der Analyse erst möglich, den Inhalt der Angst bewußt zu machen, wenn die Art der Affektabwehr durch höhnische Entwertung, die bisher überall im Leben der Patientin automatisch wirksam ist, ins Bewußtsein gehoben und damit außer Tätigkeit gesetzt ist. Historisch erklärt sich bei dieser Patientin die Affektabwehr durch Spott und Hohn aus der Identifizierung mit dem verstorbenen Vater, der das kleine Mädchen durch spöttische Bemerkungen bei Gefühlsausbrüchen zur Selbstbeherrschung erziehen wollte. Die Methode der Affektabwehr fixiert hier also die Erinnerung an den sehr geliebten Vater. Technisch führt der Weg zum Verständnis in diesem Fall von der Analyse der Affektabwehr zur Erklärung des Widerstandes in der Übertragung und von hier aus erst zur eigentlichen Analyse der Angst mit ihrer Vorgeschichte.

Dieselbe Parallele zwischen Triebabwehr und Affektabwehr, Symptombildung und Widerstand wird dann besonders in der Kinderanalyse zum wertvollen technischen Gesichtspunkt. Die fühlbarste Lücke in der Technik der Kinderanalyse ist der Wegfall der freien Assoziation. Der Verzicht auf sie ist nicht nur deshalb so schwer, weil wir den im freien Einfall aufsteigenden Vorstellungen, die den Trieb repräsentieren, die wichtigsten Auskünfte über das Es verdanken. Der Entgang an Mitteilungen über die Es-Regungen läßt sich noch am ehesten durch andere Mittel ersetzen. Die Träume und Tagträume des Kindes, seine Phantasietätigkeit im Spiel, seine Zeichnungen usw. zeigen

Es-Regungen unverhüllter und zugänglicher als beim Erwachsenen und können uns in der Analyse das Auftauchen der Es-Abkömmlinge im freien Einfall fast ersetzen. Aber mit dem Wegfall der analytischen Grundregeln fällt auch der Kampf um die Grundregel fort, aus dem wir uns in der Erwachsenenanalyse die Kenntnis der Ich-Widerstände, also der Abwehrtätigkeit des Ichs gegen die Triebabkömmlinge holen. Die Kinderanalyse ist darum in Gefahr, zwar reich an Auskünften über das Es, aber arm an Kenntnis des kindlichen Ichs zu werden.

Die englische Spielanalyse für das frühe Kindesalter ersetzt sich diesen Ausfall der freien Assoziation in der direktesten Weise. Sie setzt die Spielhandlungen des Kindes den Einfällen des Erwachsenen gleich und verwertet sie für die Deutung in derselben Weise. Das freie Strömen der Einfälle entspricht dem ungestörten Ablauf der Spielhandlungen; Unterbrechungen und Hemmungen im Verlauf des Spielens werden den Störungen des freien Einfalls gleichgesetzt. Die Analyse der Spielstörung müßte dann den Anteil der Ich-Abwehr repräsentieren, der bei der freien Assoziation im Ich-Widerstand gegeben ist.

Verzichtet man aber aus theoretischen Gründen, etwa aus Bedenken gegen eine zu konsequente Durchführung der Symboldeutung, auf diese vollkommene Gleichsetzung zwischen Einfall und Spielhandlung, so muß man in der Kinderanalyse nach neuen technischen Ersatzmitteln suchen, die der Seite der Ich-Analyse dienen können. Es scheint mir, daß die Analyse der Affektverwandlungen des Kindes an die leere Stelle treten kann. Das Affektleben des Kindes ist unkomplizierter und leichter zu durchschauen als das des Erwachsenen. Wir beobachten, was immer sich im Leben des Kindes innerhalb oder außerhalb der analytischen Situation als Anlaß zur Affektentbindung darbietet. Das Kind wird gegen ein anderes zurückgesetzt; es muß Eifersucht und Kränkung empfinden. Man erfüllt ihm einen lange gehegten Wunsch; die Erfüllung muß Freude auslösen. Das Kind erwartet Strafe; es empfindet Angst. Eine erwartete und zugesagte Lust wird plötzlich aufgeschoben oder verweigert; das Kind muß Enttäuschung empfinden usw. Wir erwarten, daß das Kind normalerweise auf diese speziellen Anlässe mit diesen speziellen Affekten reagiert. Die Beobachtung zeigt uns im Gegensatz zu unserer Erwartung die verschiedensten Bilder. Das Kind zeigt etwa Gleichgültigkeit, wo es Enttäuschung empfinden müßte, Überlustigkeit statt Kränkung, Überzärtlichkeit statt Eifersucht. In allen diesen Fällen ist etwas vor sich gegangen, das den normalen Ablauf gestört hat, ein Einspruch von der Seite des Ichs, auf den wir die Affektverwandlung zurückführen müssen. Die Analyse und Bewußtmachung der Form dieser Affektabwehr, ob es sich um Verkehrung ins Gegenteil, um Verschiebungen, um volle Verdrängungen handelt, lehrt uns etwas über die speziellen Techniken dieses individuellen kindlichen Ichs und erlaubt, nicht anders als die Widerstandsanalyse, Rückschlüsse auf sein Verhalten gegen den Trieb und in der Symptombildung. Es ist dabei für die Situation der Kinderanalyse besonders wichtig, daß wir bei der Beobachtung der Affektvorgänge von der freiwilligen Mitarbeit und der Aufrichtigkeit oder Unaufrichtigkeit des Kindes in der Mitteilung weitgehend unabhängig sind. Der Affekt verrät sich, auch wenn das Kind ihn nicht verraten möchte.

Ein kleiner Knabe zum Beispiel bekommt jedesmal, wenn sich ein Anlaß für Kastrationsangst ergibt, kriegerische Anwandlungen, muß Uniform anziehen, sich mit Säbel und Kindergewehr ausrüsten usw. Wir erraten nach Beobachtung mehrerer solcher Anlässe, daß er die Angst in ihr Gegenteil, nämlich in Angriffslust verkehrt. Von jetzt an wird es uns leicht, jedesmal bei seinen Anfällen von aggressivem Verhalten auf dahinter verborgene Kastrationsangst zu schließen. Wir sind außerdem nicht erstaunt zu erfahren, daß er ein Zwangsneurotiker ist, also auch im Triebleben die Neigung hat, unerwünschte Regungen ins Gegenteil zu verkehren. – Ein kleines Mädchen reagiert auf Situationen, die sie enttäuschen, scheinbar überhaupt nicht. Alles, was sich beobachten läßt, ist ein Zucken des Mundwinkels. Sie verrät damit die Fähigkeit ihres Ichs, unwillkommene psychische Vorgänge zu beseitigen und durch physische zu ersetzen. Es wäre wieder nicht überraschend zu erfahren, daß sie im Kampf mit ihrem Triebleben hysterisch reagieren kann. – Einem Mädchen in der Latenzperiode ist es gelungen, den Penisneid auf ihren kleinen Bruder, der ihr Leben völlig ausfüllt, so zu verdrängen, daß es auch in der Analyse besonders schwer ist, seine Spuren zu verfolgen. Die analytische Beobachtung zeigt nur, daß sie bei jeder Gelegenheit, wo sie Neid oder Eifersucht auf den Bruder empfinden könnte, ein merkwürdiges Phantasiespiel beginnt, in dem sie einen Zauberer darstellt, der die ganze Welt durch seine Bewegungen verwandeln und beeinflussen kann. Auch sie verwandelt also den Neid in sein Gegenteil, in eine Überbetonung ihrer eigenen magischen Fähigkeiten, die ihr die peinliche Einsicht in ihre vermeintliche körperliche Minderwertigkeit erspart. Ihr Ich bedient sich bei der Abwehr der Verwandlung ins Gegenteil, einer Art Reaktionsbildung gegen den Affekt, womit es gleichzeitig sein Verhalten gegen den Trieb als zwangsneurotisch verrät. Es ist von da an in der Analyse leicht, jedesmal von dem Auftreten der Magie auf das Vorhandensein von Penisneid zu schließen. Was wir auf diese Art erlernen, ist also nichts als eine Art Übersetzungstechnik für die Abwehrsprache des Ichs, die der Auflösung der Ich-Widerstände in der freien Assoziation fast völlig entspricht. Unsere Absicht dabei ist dieselbe wie in der Widerstandsanalyse. Je besser wir Widerstand und Affektabwehr bewußt machen und damit außer Tätigkeit setzen können, desto leichter gelingt uns das Vordringen zum Verständnis des Es.

VIERTES KAPITEL

Die Abwehrmechanismen

Die Abwehrmechanismen in der psychoanalytischen Theorie. Der Terminus Abwehr, den ich in den drei vorhergehenden Kapiteln so reichlich gebraucht habe, ist der älteste Vertreter der dynamischen Auffassung in der Theorie der Psychoanalyse. Er taucht zuerst im Jahre 1894 in der Studie über »Die Abwehr-Neuropsychosen« auf und wird in dieser und einer Reihe von darauffolgenden Arbeiten (»Zur Ätiologie der Hysterie«, »Weitere Bemerkungen über die Abwehr-Neuropsychosen«) für das Sträuben des Ichs gegen peinliche oder unerträgliche Vorstellungen und Affekte verwendet. Der Name wird später fallen gelassen und in der Folge durch den der Verdrängung ersetzt. Das Verhältnis zwischen beiden bleibt aber unbestimmt. Erst eine ergänzende Bemerkung zu »Hemmung, Symptom und Angst« (1926) greift auf den alten Begriff der Abwehr wieder zurück und meint, es bringe sicheren Vorteil, ihn wieder zu gebrauchen, »wenn man dabei festsetzt, daß er die allgemeine Bezeichnung für alle die Techniken sein soll, deren sich das Ich in seinen eventuell zur Neurose führenden Konflikten bedient, während Verdrängung der Name einer bestimmten solchen Abwehrmethode bleibt, die uns infolge der Richtung unserer Untersuchungen zuerst besser bekannt geworden ist[3]«. Damit wird die Sonderstellung der Verdrängung ausdrücklich aufgehoben und in der psychoanalytischen Theorie Raum für andere Vorgänge geschaffen, die dieselbe Tendenz, nämlich »Schutz des Ichs gegen Triebansprüche« verfolgen. Die Verdrängung wird in ihrer Bedeutung zu einem »Spezialfall der Abwehr« heruntergesetzt.

Diese neue Auffassung der Rolle der Verdrängung wird zum Anreiz, sich nach den übrigen Spezialfällen der Abwehr umzusehen und sie, soweit sie in der analytischen Arbeit bekannt und beschrieben sind, zusammenzustellen.

Dieselbe Ergänzung zu »Hemmung, Symptom und Angst« enthält auch die schon im letzten Kapitel angeführte Vermutung, daß sich bei »Vertiefung unserer Studien eine innige Zusammengehörigkeit zwischen besonderen Formen der Abwehr und bestimmten Affektionen ergeben könnte, z. B. zwischen Verdrängung und Hysterie«. Als Abwehrtechniken, die in der Zwangsneurose gebräuchlich sind, werden gleichzeitig Regression und reaktive Ich-Veränderung (Reaktionsbildung), Isolierung und Ungeschehenmachen angeführt.

Es ist nach diesen ersten Andeutungen nicht schwer, die Aufzählung der Abwehrtechniken aus andern Arbeiten Freuds zu vervollständigen. So erscheinen in dem Aufsatz über Eifersucht, Paranoia und Homosexualität[4] Introjektion oder Identifizierung und Projektion als Ich-Metho-

[3] Hemmung, Symptom und Angst. Ges. Schr., Bd. XI, S. 106.

[4] Über einige neurotische Mechanismen bei Eifersucht, Paranoia und Homosexualität. Ges. Schr., Bd. V, S. 387.

den, die für die Abwehr bei diesen Erkrankungen wichtig sind, unter dem Namen »neurotische Mechanismen«. In der Trieblehre[5] werden Wendung gegen die eigene Person und Verkehrung ins Gegenteil unter dem Namen »Triebschicksale« beschrieben. Von der Seite des Ichs her gesehen, muß man auch diese beiden Vorgänge als Abwehrmethoden bezeichnen; jedes Triebschicksal dieser Art geht ja auf eine Ich-Tätigkeit zurück. Ohne Einspruch des Ichs oder der Außenweltsmächte, die sich durch das Ich vertreten lassen, würde jeder Trieb nur ein einziges Schicksal kennenlernen: das der Befriedigung. Zu diesen neun in der Analysenpraxis und -theorie gut bekannten und ausführlich beschriebenen Abwehrmethoden (Verdrängung, Regression, Reaktionsbildung, Isolierung, Ungeschehenmachen, Projektion, Introjektion, Wendung gegen die eigene Person, Verkehrung ins Gegenteil) kommt dann noch eine zehnte, die mehr dem Studium der Normalität als dem der Neurose angehört, nämlich die Sublimierung oder die Verschiebung des Triebziels.

Das Ich hat also nach unserer vorläufigen Kenntnis in seinen Kämpfen mit Triebrepräsentanz und Affekt diese zehn verschiedenen Methoden zu seiner Verfügung. Es ist die Aufgabe der praktischen Analyse, zu verfolgen, wie sich diese Techniken bei den Vorgängen des Ich-Widerstandes und der Symptombildung im Einzelfall bewähren.

Vergleich zwischen den Leistungen der Mechanismen im Einzelfall. – Ich wähle als Beispiel den Fall einer jungen Fürsorgerin aus. Sie ist ein mittleres Kind in einer Reihe von vielen Geschwistern. Ihre Kindheit wird von einem stürmischen Penisneid auf den älteren und jüngeren Bruder ausgefüllt und von Eifersucht, die durch die wiederholten Schwangerschaften der Mutter immer neu genährt wird. Neid und Eifersucht verbinden sich schließlich zu einer starken Feindseligkeit gegen die Mutter. Da die Liebesbindung an die Mutter aber nicht geringer ist als ihr Haß gegen sie, beginnt in ihr nach einer ersten Periode von ungehemmter Wildheit und Schlimmheit ein intensiver Abwehrkampf gegen die negativen Regungen. Sie hat Angst, die Liebe der Mutter, die sie nicht entbehren kann, durch die

[5] Triebe und Triebschicksale. Ges. Schr., Bd. V, S. 443.

Äußerung ihrer eigenen Haßgefühle zu verlieren. Sie hat Angst vor den Strafen der Mutter; und sie kritisiert sich selbst aufs schärfste für ihre eigenen verbotenen Rachegelüste. In dieser Angstsituation und diesem Gewissenskonflikt, der mit dem Eintritt in das Latenzalter immer mehr an Schärfe gewinnt, macht ihr Ich Bewältigungsversuche verschiedener Art. Sie verschiebt zur Lösung des Ambivalenzkonflikts die eine Seite der Ambivalenz nach außen. Die Mutter bleibt das geliebte Objekt. Neben ihr aber gibt es von da an im Leben des Mädchens immer eine zweite wichtige weibliche Person, die intensiv gehaßt wird. Die Situation erleichtert sich dadurch; der Haß gegen das fremdere Objekt wird vom Schuldgefühl nicht ebenso energisch verfolgt wie der Mutterhaß. Aber auch dieser verschobene Haß bringt noch reichlich Leiden mit sich. Diese erste Verschiebung erweist sich auch in weiterer Folge als unzureichend zur Bewältigung der Lage.

Das Ich des Mädchens setzt jetzt einen zweiten Mechanismus in Tätigkeit. Es wendet den Haß, der bis dahin ausschließlich der Außenwelt galt, gegen die eigene Person. Das Kind martert sich selbst mit selbstquälerischen Anklagen und Minderwertigkeitsgefühlen, tut die Kindheit und Jugend hindurch bis in die Erwachsenheit alles, um sich selbst zu benachteiligen und zu schädigen, und setzt die eigenen Ansprüche an ihr Leben ständig hinter die der anderen zurück. Für den Anschein von außen her ist sie seit Inkrafttreten dieser Abwehrtechnik masochistisch geworden.

Aber auch diese Methode erweist sich noch nicht als ausreichend für die Bewältigung. Die Patientin beginnt zu projizieren. Der Haß, den sie für die geliebten weiblichen Objekte oder ihre Ersatzpersonen gefühlt hat, verwandelt sich in die Überzeugung, daß sie selbst von diesen Objekten gehaßt, zurückgesetzt oder verfolgt wird. Ihr Ich empfindet Entlastung vom Schuldgefühl. Sie ist aus einem schlimmen Kind, das sich böser Gefühle gegen die Person seiner Umgebung schuldig macht, zu einem gequälten, benachteiligten, verfolgten Kind geworden. Aber ihr Wesen behält seit Benutzung dieses Mechanismus einen paranoiden Zug, der ihr das Leben in der Jugend und Erwachsenheit außerordentlich erschwert.

Die Patientin sucht die Analyse erst in voller Erwachsenheit auf. Sie gilt der Außenwelt nicht als krank, aber sie leidet intensiv. Allem Abwehraufwand, den ihr Ich getrieben hat, ist es nicht gelungen, Angst und Schuldgefühl wirklich zu bewältigen. Sie setzt bei jedem Anlaß, der Neid, Eifersucht und Haß bei ihr hervorrufen könnte, alle ihre Mechanismen immer wieder in Tätigkeit. Aber die Gefühlskonflikte kommen zu keinem Abschluß, der ihr Ich zur Ruhe bringen könnte. Außerdem ist das Endergebnis aller ihrer Kämpfe ein sehr ärmliches. Es ist ihr gelungen, die Fiktion, daß sie die Mutter liebt, zu erhalten. Aber sie fühlt sich selber voll von Haß und verachtet und mißtraut sich dafür. Es ist ihr nicht gelungen, sich das Gefühl des Geliebtwerdens zu erhalten, das durch den Projektionsmechanismus zerstört ist. Und es gelingt ihr nicht, den in der Kindheit gefürchteten Strafen zu entgehen; sie fügt sich selber durch die Wendung gegen die eigene Person alles Böse zu, das sie damals als Strafe von der Mutter erwartet hatte. Die drei Mechanismen, die sie in Tätigkeit gesetzt hat, können nicht verhindern, daß ihr Ich ständig einen Zustand der gespannten Unruhe, der Wachsamkeit, einer gesteigerten Inanspruchnahme und des intensiven Gequältseins empfindet.

Vergleichen wir diese Vorgänge mit den entsprechenden Verhältnissen bei einer Hysterie oder einer Zwangsneurose. Nehmen wir an, die Aufgabe wäre die gleiche: Bewältigung des Mutterhasses, der aus dem Penisneid entspringt. Die Hysterie erledigt sie durch Verdrängung. Der Haß gegen die Mutter wird aus dem Bewußtsein gestrichen, allen seinen möglichen Abkömmlingen wird der Eintritt ins Ich energisch verwehrt. Die aggressiven Regungen, die an ihn, die sexuellen, die an den Penisneid geknüpft sind, können in körperliche Symptome verwandelt werden, wenn die Fähigkeit zur Konversion und ein somatisches Entgegenkommen vorhanden sind. In andern Fällen schützt sich das Ich gegen eine Reaktivierung des ursprünglichen Konflikts durch phobische Vermeidungen. Es schränkt seine Aktivität ein und verhütet dadurch das Zusammentreffen mit allen Situationen, die eine Rückkehr des Verdrängten begünstigen könnten.

Auch bei der Zwangsneurose erfahren Mutterhaß und Penisneid zuerst eine Verdrängung. Im weiteren Verlauf sichert sich das Ich gegen Rückkehr des Verdrängten durch Reaktionsbildungen. Das gegen die Mutter aggressive Kind wird überzärtlich und um das Leben der Mutter besorgt, Neid und Eifersucht werden in Selbstlosigkeit und Fürsorge für die andern verwandelt. Die Einführung von zwanghaften Handlungen und Vorsichtsmaßregeln schützt die geliebten Objekte vor dem Ausbruch der eigenen Aggressionen, eine strenge Übermoral überwacht die sexuellen Äußerungen.

Das Kind, das seine infantilen Konflikte auf die geschilderte hysterische oder zwangsneurotische Weise bewältigt, erscheint pathologischer als die zuerst beschriebene Patientin. Es hat durch die Verdrängung, die vorgefallen ist, die Herrschaft über ein Stück seines Gefühlslebens verloren. Die ursprüngliche Beziehung zu Mutter und Brüdern, die wichtige Beziehung zur eigenen Weiblichkeit ist der weiteren bewußten Verarbeitung entzogen und in der reaktiven Ich-Veränderung zwanghaft und unveränderlich festgelegt worden. Ein großes Stück seiner Aktivität zehrt sich in der Aufrechterhaltung der Gegenbesetzungen auf, die die Verdrängung für das weitere Leben sichern sollen. Diese Einbuße an Energie wird sich durch die Hemmung und Herabsetzung anderer lebenswichtiger Tätigkeiten bemerkbar machen. Aber das Ich dieses Kindes, dem für die Erledigung seiner Konflikte die Verdrängung mit ihren pathologischen Folgen zur Verfügung gestanden hat, ist zur Ruhe gekommen. Es leidet sekundär durch die Folgen der Neurose, die es sich durch die Verdrängung zugezogen hat. Aber es hat, wenigstens soweit die Konversionshysterie und die Zwangsneurose reicht, seine Angst gebunden, seine Schuldgefühle untergebracht und seine Strafvorstellungen befriedigt. Der Unterschied liegt darin, daß in dem einen Fall, dem der Verdrängung, dem Ich die Aufgabe der Konfliktbewältigung durch die Symptombildung abgenommen wird, während sie bei Gebrauch der anderen Abwehrtechniken im Wirkungskreis des Ichs verbleibt.

Häufiger als die hier beschriebene Trennung der Verdrängung von der Verwendung anderer Abwehrmethoden ist die Kombination von beiden in einem und demselben Fall. Ich nehme als Beispiel die Geschichte einer Patientin, die gleichfalls in der ersten Kindheit an intensivem, auf den Vater gerichteten Penisneid leidet. Die sexuellen Phantasien dieser Phase erreichten ihren Höhepunkt in dem Wunsch, dem Vater den Penis abzubeißen. An dieser Stelle setzt auch die Abwehr des Ichs ein. Die anstößige Vorstellung wird verdrängt. An ihre Stelle setzt sich das Gegenteil, eine allgemeine Unlust zu beißen, die sich bald zu einer Eßstörung des Kindes, begleitet von hysterischen Ekelgefühlen entwickelt. Damit ist die eine Seite des Vorgangs, die orale Phantasie bewältigt. Der aggressive Inhalt, d. h. der Wunsch, den Vater oder eine Ersatzperson zu berauben, bleibt aber noch eine Weile im Bewußtsein, bis die fortschreitende Über-Ich-Ausbildung die moralische Abwehr des Ichs dagegen aufruft. Dann wird die Raublust mit Hilfe eines Verschiebungsmechanismus, der später noch ausführlichere Erwähnung finden wird, in eine besondere Form von Genügsamkeit und Anspruchslosigkeit verwandelt. Das Bild, das sich durch die Aufeinanderfolge der beiden verschiedenen Abwehrmethoden ergibt, ist das eines Untergrunds von hysterischer Neurose mit daraufgesetzter spezieller Ich-Veränderung, die selber keinen pathologischen Charakter mehr trägt.

Der Eindruck, den man von diesen wenigen Beispielen erhält, vertieft sich, wenn man die Wirkungen der verschiedenen Mechanismen in derselben Weise im einzelnen an andern Fällen verfolgt. Die Verdrängung mag in der theoretischen Unterordnung unter den allgemeinen Begriff der Abwehr den übrigen Spezialfällen der Abwehr nebengeordnet sein. Soweit es sich um ihre Wirksamkeit handelt, behält sie trotzdem den übrigen Methoden gegenüber eine Sonderstellung. Sie leistet der Quantität nach mehr als die andern Techniken, d. h. sie kann starke Triebregungen noch bewältigen, gegen die andere Abwehrversuche machtlos bleiben. Ihre Wirkung ist einmalig, erst die Gegenbesetzung, die zu ihrer Sicherung eingesetzt wird, ist eine ständige Institution, die einen ständigen Energieaufwand verlangt. Die andern Mechanismen dagegen müssen bei jedem neu auftauchenden Triebschub von neuem in Tätigkeit gesetzt werden. Aber die Verdrängung ist nicht nur der wirksamste, sie ist auch der gefährlichste Mechanismus. Die Abspaltung vom Ich, die sich durch den Bewußtseinsentzug für ganze Gebiete des Affekt-

und Trieblebens herstellt, kann ein für allemal die Intaktheit der Persönlichkeit zerstören. Die Verdrängung wird dadurch zur Basis für die Kompromiß- und Neurosenbildung. Die Folgen der andern Abwehrtechniken sind nicht weniger ernsthaft, aber sie halten sich, auch bei der Steigerung ihrer Intensität, mehr in den Grenzen des Normalen. Sie äußern sich in den zahllosen Verwandlungen, Verzerrungen und Deformierungen des Ichs, welche die Neurose teils begleiten, teils ersetzen können.

Versuch einer Chronologie. – Aber auch wenn man die Sonderstellung der Verdrängung anerkennt, bleibt noch für die andern Mechanismen der Eindruck, daß sich hier Ungleichartiges und Mannigfaltiges unter einem Begriff vereinigt. Techniken, wie Isolierung und Ungeschehenmachen, stehen neben wirklichen Triebvorgängen, wie Regression, Verkehrung ins Gegenteil, Wendung gegen die eigene Person. Manche von ihnen können große, manche nur kleine Quantitäten Trieb oder Affekt bewältigen. Es bleibt offen, nach welchen Gesichtspunkten das Ich unter den Mechanismen auswählt. Vielleicht bekämpft die Verdrängung vor allem sexuelle Wünsche, und andere Methoden lassen sich besser gegen andere Triebkräfte, besonders gegen die aggressiven Regungen gebrauchen. Vielleicht haben die andern Abwehrmethoden nur aufzuarbeiten, was die Verdrängung übrigläßt oder was von verpönten Vorstellungen nach Mißglücken der Verdrängung wiederkehrt[6]. Vielleicht ist jedes erste Auftreten einer bestimmten Abwehrmethode auch an eine bestimmte Aufgabe der Triebbewältigung, also an eine bestimmte Phase der infantilen Entwicklung gebunden[7].

Dieselbe Ergänzung zu »Hemmung, Symptom und Angst«, die ich schon mehrere Male zitiert habe, enthält auch eine erste Antwort auf diese Fragen. »Es kann leicht sein, daß der seelische Apparat vor der scharfen Sonderung von Ich und Es, vor der Ausbildung eines Über-Ichs, andere Methoden der Abwehr übt als nach der Erreichung dieser Organisationsstufen[8].« Das heißt in ausführlicher Darstellung: Die

[6] Nach einer Bemerkung von Jeanne Lampl-de Groot in einer Diskussion der Wiener Vereinigung.

[7] Nach einer Bemerkung von Helene Deutsch.

[8] l. c., BD. XI, S. 107.

Verdrängung besteht in der Abhaltung oder Ausstoßung von Vorstellung oder Affekt vom bewußten Ich. Es kann keinen Sinn haben, von Verdrängungen dort zu reden, wo Ich und Es noch ineinanderfließen. Ebenso könnte man meinen, Projektion und Introjektion seien Methoden, die auf der Sonderung von Ich und Außenwelt beruhen. Die Ausstoßung aus dem Ich und Zuordnung zur Außenwelt könne erst dann für das Ich erleichternd wirken, wenn es gelernt habe, sich selbst nicht mehr mit der Außenwelt zu verwechseln. Die Introjektion aus der Außenwelt ins Ich anderseits bekomme erst dann die Bedeutung einer Bereicherung des Ichs, wenn vorher die Trennung des Besitzstands zwischen Ich und Außenwelt geklärt sei. Aber die Verhältnisse liegen gar nicht so einfach. Die Genese bei Projektion und Introjektion ist viel dunkler[9]. Die Sublimierung, d. h. die Verschiebung des Triebziels im Sinne der höheren sozialen Wertung, setzt die Anerkennung oder wenigstens die Kenntnis solcher Wertungen voraus, also das Vorhandensein des Über-Ichs. Verdrängung und Sublimierung wären danach Abwehrmechanismen, die erst verhältnismäßig spät in Gebrauch kommen können; die Einreihung von Projektion und Introjektion hängt vom jeweiligen Stand der theoretischen Auffassung ab. Vorgänge, wie Regression, Verkehrung ins Gegenteil, Wendung gegen die eigene Person, die ausschließlich am Trieb selbst vor sich gehen, könnten vom Stand des strukturellen Aufbaus unabhängig und so alt sein wie der Trieb selbst oder doch so alt wie der Kampf zwischen Triebregungen und irgendeinem Hindernis der Triebbefriedigung. Man wäre nicht erstaunt, sie als die allerfrühesten in der Verwendung vorzufinden.

Aber diesem Versuch einer zeitlichen Einordnung widerspricht die Erfahrung, daß die frühesten neurotischen Krankheitserscheinungen, die beim Kleinkind auftreten, die hysterischen Symptome sind, über deren Verbundenheit mit der Verdrängung kein Zweifel besteht; und anderseits, daß Erscheinungen des wirklichen Masochismus, die auf der Wendung des Triebes gegen die eigene Person beruhen, im frühesten Kindesalter kaum zu finden sind. Introjektion

[9] Vgl. Freud, Ges. Schr., Bd. X, S. 81, und die unten angeführte Auffassung der englischen Schule.

und Projektion, die wir in die Zeit nach der Sonderung von Ich und Außenwelt verlegen möchten, werden in der Theorie der englischen analytischen Schule für den Ich-Aufbau und die Abscheidung des Ichs von der Außenwelt überhaupt erst verantwortlich gemacht. Wir stoßen hier auf die Tatsache, daß die Chronologie eines der ungeklärtesten Gebiete innerhalb der analytischen Theorie ist. Die Streitfrage, wann das Über-Ich des Individuums eigentlich gebildet wird, ist ein gutes Beispiel dafür. Eine zeitliche Einteilung der Abwehrmechanismen müßte also alle Zweifel und Unsicherheiten teilen, die den Zeitbestimmungen in der Analyse heute noch anhaften. Es ist darum vielleicht besser, diesen Versuch einer Klassifikation der Mechanismen nicht weiter zu verfolgen und statt dessen lieber die Einzelheiten der Abwehrsituation selber besser zu studieren.

FÜNFTES KAPITEL

Orientierung der Abwehrvorgänge nach Angst und Gefahr

Die Triebgefahren, gegen die das Ich sich verteidigt, sind immer die gleichen, aber die Gründe, warum es einen bestimmten Triebvorstoß als Gefahr empfindet, können von verschiedener Art sein.

Triebabwehr aus Über-Ich-Angst in der Neurose des Erwachsenen. – Am längsten und gründlichsten kennen wir in der Analyse die Abwehrsituation, die der Neurose des Erwachsenen zugrunde liegt. Hier handelt es sich um einen Triebwunsch, der bewußt werden und mit Hilfe des Ichs Befriedigung finden möchte. Das Ich wäre auch nicht abgeneigt, aber das Über-Ich erhebt Einspruch. Das Ich fügt sich der höheren Instanz und nimmt gehorsam den Kampf gegen die Triebregung mit allen seinen Folgen auf. Das Charakteristische an diesem Vorgang ist, daß das Ich den Trieb, den es bekämpft, selbst gar nicht als gefährlich empfindet. Das Motiv, dem es bei der Abwehr folgt, liegt nicht in ihm. Der

Trieb wird dadurch gefährlich, daß seine Befriedigung vom Über-Ich verboten ist und seine Durchsetzung einen sicheren Konflikt zwischen Ich und Über-Ich heraufbeschwört. Das Ich des erwachsenen Neurotikers fürchtet also den Trieb, weil er das Über-Ich fürchtet. Seine Triebabwehr erfolgt unter dem Druck der Über-Ich-Angst.

Solange wir uns mit der Triebabwehr des erwachsenen Neurotikers allein befassen, ist unsere Meinung vom Über-Ich eine sehr hohe. Das Über-Ich erscheint hier als der Urheber aller Neurosen. Das Über-Ich ist der Störenfried, der kein freundliches Übereinkommen zwischen Ich und Trieb zustande kommen läßt. Es präsentiert die Idealforderungen, die die Sexualität verpönen und die Aggression für unsozial erklären. Es fordert Sexualentsagung und Aggressionseinschränkung in einem Maß, das mit psychischer Gesundheit nicht mehr verträglich ist. Es nimmt dem Ich alle Selbständigkeit, drückt es zu dem Vollstrecker seiner Wünsche herab und macht es dadurch triebfeindlich und genußunfähig. Das Studium der Abwehrsituation der Neurose des Erwachsenen drängt uns dazu, in der Therapie die analytische Zersetzungsarbeit am Über-Ich ganz besonders zu berücksichtigen. Eine Herabsetzung, Milderung oder – wie manche es extrem ausdrücken – eine Zertrümmerung des Über-Ichs muß das Ich entlasten und für den neurotischen Konflikt wenigstens von einer Seite her Erleichterung bringen. Die gleiche Auffassung vom Über-Ich als der Wurzel alles neurotischen Übels führt auch zu großen Hoffnungen für die Neurosenverhütung. Wenn die Neurose vom strengen Über-Ich gemacht wird, dann braucht die Erziehung nur alles zu vermeiden, was einer extremen Über-Ich-Bildung dient. Die Erziehungsmittel, die später vom Über-Ich verinnerlicht werden, müßten milde gehalten sein; das Beispiel der Eltern, das das Über-Ich sich durch Identifizierung aneignet, soll das Bild ihrer wirklichen menschlichen Schwächen und ihrer Triebfreundlichkeit enthalten, statt eine in Wirklichkeit gar nicht durchzuführende strenge Übermoral vorzuspiegeln; und die Aggression des Kindes soll Möglichkeiten haben, sich gegen die Außenwelt zu äußern, damit sie nicht aufgestaut und nach innen gewendet werden muß, wo sie dann das Über-Ich mit seinen grausamen Zügen ausstattet. Bringt die

Erziehung das alles zustande, dann müßten die Menschen, die aus ihr hervorgehen, angstfrei sein, unneurotisch, genußfähig und nicht von inneren Konflikten zerrissen. Aber diese Hoffnungen auf Ausrottung aller Neurosen aus dem menschlichen Leben[10] erfüllen sich in der pädagogischen Praxis nicht und werden in der Theorie schon durch den nächsten Schritt der analytischen Forschung wieder gründlich zerstört.

Triebabwehr aus Realangst in der infantilen Neurose. – Das Studium der Abwehr in der infantilen Neurose[11] zeigt, daß das Über-Ich kein unentbehrlicher Faktor für die Neurosenbildung ist. Wenn der erwachsene Neurotiker sich gegen seine sexuellen und aggressiven Wünsche wehrt, um nicht in Konflikt mit seinem Über-Ich zu geraten, so tut das kleine Kind mit seinen Triebregungen dasselbe, um nicht in Widerspruch mit den Verboten der Eltern zu kommen. Auch das Ich des kleinen Kindes kämpft nicht selbständig gegen den Trieb, das Motiv, dem es bei der Abwehr folgt, liegt auch nicht in ihm selber. Der Trieb wird ihm dadurch gefährlich, daß seine Befriedigung von den Erzieherpersonen verboten ist; der Triebdurchbruch hat Einschränkungen, Strafen und Bedrohungen zur Folge. Die Kastrationsangst leistet dem kleinen Kind, was die Gewissensangst dem erwachsenen Neurotiker leistet; das Ich des Kindes fürchtet den Trieb, weil es die Außenwelt fürchtet. Seine Triebabwehr erfolgt also unter dem Druck der Angst vor der Außenwelt oder der Realangst.

Die Beobachtung, daß das kindliche Ich, von der Realangst getrieben, dieselben Phobien, Zwangsneurosen, Hysterien und neurotischen Charakterzüge produziert, wie wir sie beim Erwachsenen als Folge der Über-Ich-Angst kennengelernt haben, setzt natürlich unsere hohe Meinung von der Macht des Über-Ichs wieder herunter. Wir merken, daß wir dem Über-Ich zugeschrieben haben, was in Wirklichkeit der Angst des Ichs zuzuschreiben gewesen wäre. Es scheint für die Neurosenbildung gleichgültig, vor wem das Ich Angst hat. Das Entscheidende ist, daß die Angst des Ichs – das

[10] Die am extremsten Wilhelm Reich, aber auch viele andere mit ihm vertreten.

[11] Hemmung, Symptom und Angst. Ges. Schr., Bd. XI, S. 47.

eine Mal vor der Außenwelt, das andere Mal vor dem Über-Ich – den Abwehrvorgang in Tätigkeit setzt. Das Symptom, das dann als letzte Folge des Abwehrvorgangs im Bewußtsein erscheint, läßt nicht mehr erkennen, welcher Art von Angst des Ichs es sein Zustandekommen verdankt.

Das Studium dieser zweiten Abwehrsituation – Triebabwehr aus Realangst – führt zu einer hohen Einschätzung der Macht der Außenwelt über das Kind und erlaubt uns von dieser Seite her noch Hoffnungen auf eine wirksame Neurosenverhütung. Das kleine Kind unserer Zeiten hätte nach dieser Auffassung ja viel mehr Realangst, als notwendig wäre. Die Strafen, die es für seine Triebbefriedigung fürchtet, sind zum großen Teil in unserer Kultur überhaupt nicht mehr vorhanden. Weder übt man bei uns die Kastration als Sühne für verbotene sexuelle Genüsse, noch die Verstümmelung als Strafe für aggressive Handlungen. Aber unsere Erziehungsmaßnahmen haben doch immer noch eine entfernte Ähnlichkeit mit diesen barbarischen Strafen früherer Zeiten, gerade genug, um irgendwelche dunkle Ahnungen und Befürchtungen, die sich als Restbestände durch Vererbung erhalten, wieder neu zu aktivieren. Optimisten vertreten den Standpunkt, daß es möglich sein müßte, diese entfernten Andeutungen von Kastrationsdrohungen und Gewaltmitteln, die sich, wenn nicht in den verwendeten Erziehungsmitteln, doch in Ton und Stimme der Erwachsenen spiegeln, auch noch zu vermeiden. Damit, hofft man, wäre dann endgültig der Zusammenhang zwischen unserer Erziehung und jenen alten Strafängsten zerrissen. Es müßte gelingen, auf diese Art die Realangst des Kindes abzuschwächen, das Verhältnis zwischen seinem Ich und seinem Trieb müßte sich endlich entscheidend verändern, und der infantilen Neurose müßte dadurch ein großes Stück Boden endgültig entzogen werden können.

Triebabwehr aus Angst vor der Triebstärke. – Aber eine andere Erfahrung der Psychoanalyse stört auch noch die Aussichten nach dieser Richtung. Das Ich des Menschen ist seinem Wesen nach überhaupt kein geeigneter Boden für ungestörte Triebbefriedigung. Das heißt, das Ich ist nur triebfreundlich, soweit es sich noch wenig in seiner Ausbildung vom Es differenziert hat. Soweit es seine eigene Entwicklung vom Primärvorgang zum Sekundärvorgang, vom Lustprinzip zum Realitätsprinzip durchgemacht hat, ist es, wie oben geschildert, ein triebfremdes Gebiet geworden. Dieses Mißtrauen des Ichs gegen die Triebansprüche ist immer vorhanden, wird aber unter normalen Verhältnissen nur wenig sichtbar. Es wird von dem viel lärmenderen Kampf überdeckt, den Über-Ich und Außenwelt auf dem Boden des Ichs gegen die Es-Regungen führen. Aber diese stille Feindseligkeit gegen den Trieb steigert sich zur Angst, wenn das Ich sich von dem Schutz dieser höheren Mächte verlassen fühlt oder wenn die Ansprüche der Triebregungen übermäßig steigen. »Was das Ich von der äußeren und von der Libidogefahr im Es befürchtet, läßt sich nicht angeben; wir wissen, es ist Überwältigung oder Vernichtung, aber es ist analytisch nicht zu fassen[12].« Robert Wälder bezeichnet es als »Gefahr, in seiner Organisation zerstört, überflutet zu werden[13]«. Diese Angst des Ichs vor der Triebstärke wirkt nicht anders als die Über-Ich-Angst oder die Realangst, die wir bisher verfolgt haben. Sie setzt Abwehrmechanismen gegen den Trieb in Bewegung, die dann zu allen uns bekannten Folgen für die Neurosen- und Charakterbildung führen. Diese Triebabwehr aus Angst vor der Triebstärke läßt sich im kindlichen Leben am besten dort studieren, wo die analytische Pädagogik und Therapie sich sehr angestrengt haben, die Anlässe für Realangst und Gewissensangst fortzuschaffen, die sie sonst überdecken. Im späteren Leben können wir sie überall dort in voller Tätigkeit beobachten, wo eine plötzliche Triebsteigerung von innen her das Gleichgewicht zwischen den seelischen Instanzen umzustürzen droht, wie es normaler- und physiologischerweise z. B. in der Pubertät und im Klimakterium, aus pathologischen Gründen im Beginn des psychotischen Schubes der Fall ist.

[12] Das Ich und das Es. Ges. Schr., Bd. VI, S. 403. – Vgl. dazu auch »Hemmung, Symptom und Angst«, Ges. Schr., Bd. XI, S. 31, wo davor gewarnt wird, die Rolle des Über-Ichs bei der Verdrängung zu überschätzen, und die Bedeutung quantitativer Momente, wie der übergroßen Stärke der Erregung hervorgehoben wird.

[13] R. Wälder, Das Prinzip der mehrfachen Funktion. Int. Ztschr. f. Psychoanalyse, XVI, 1930, S. 287 f.

Weitere Motive für die Triebabwehr. – Zu diesen drei Gründen für die Triebabwehr (Abwehr aus Über-Ich-Angst, aus Realangst, aus Angst vor der Triebstärke) kommen im späteren Leben die Motive, die dem Bedürfnis des Ichs nach Synthese entspringen. Das erwachsene Ich verlangt, daß die in ihm vorhandenen Regungen auch irgendwie übereinstimmen. Daraus ergeben sich alle die Konflikte zwischen gegensätzlichen Strebungen, wie Homosexualität und Heterosexualität, Passivität und Aktivität usw., die Alexander ausführlich beschrieben hat[14]. Welche von zwei vorhandenen gegensätzlichen Regungen abgewehrt oder zugelassen wird oder welchen Kompromiß beide miteinander eingehen, wird sich im einzelnen Fall wieder nach der Größe der Besetzungen entscheiden.

Die ersten beiden von den Motiven, die wir bisher kennengelernt haben (Abwehr aus Über-Ich-Angst und aus Realangst), lassen sich außerdem noch auf ein Gemeinsames zurückführen. Wenn die Triebbefriedigung sich in diesen Fällen trotz des Einspruchs von Über-Ich oder Außenwelt durchsetzen könnte, so würde zwar primär Lust, sekundär aber durch die nachfolgenden Schuldgefühle, die das Unbewußte, durch die Strafen, die die Außenwelt entsendet, Unlust entstehen. Die Abwehr der Triebbefriedigung aus diesen beiden Motiven entspricht also dem Realitätsprinzip. Sie hat vor allem die Absicht, diese sekundäre Unlust zu vermeiden.

Die Motive der Affektabwehr. – Die Gründe, die sich für die Triebabwehr erkennen lassen, gelten ohne Abänderung auch für die Vorgänge bei der Affektabwehr. Wo immer sich das Ich aus einem der angegebenen Motive gegen Triebregungen verteidigt, muß es auch die Affekte abwehren, von denen der Triebvorgang begleitet ist. Dabei kommt es nicht darauf an, was es für Affekte sind; der Affekt kann lustvoll sein, peinlich oder für das Ich bedrohlich. Es ist gleichgültig, das Ich darf ihn keinesfalls unentstellt empfinden. Wenn er zu einem verpönten Triebvorgang gehört, so ist sein Schicksal von vornherein entschieden; diese Zugehörigkeit allein genügt, um das Ich gegen ihn in Abwehrstellung zu versetzen.

[14] F. Alexander, Über das Verhältnis von Struktur- zu Triebkonflikten. Int. Ztschr. f. Psychoanalyse, XX, 1934, S. 33 ff.

Diese Gründe für Affektabwehr ergeben sich einfach aus den Kämpfen zwischen Ich und Trieb. Daneben aber gibt es noch eine andere primitivere Beziehung zwischen Ich und Affekt, für die sich in der Beziehung zwischen Ich und Trieb kein Gegenstück findet. Eine Triebbefriedigung ist primär immer etwas Lustvolles. Aber ein Affekt kann je nach seiner Art primär lustvoll oder peinlich sein. Wo das Ich gegen den Triebvorgang nichts einzuwenden hat, sich also von dieser Seite her kein Grund für Abwehr des Affektes ergibt, dort entscheidet das Ich seine Einstellung zum Affekt rein nach dem Lustprinzip. Es begrüßt den lustvollen Affekt und verteidigt sich gegen den peinlichen. Ja sogar dort, wo im Zusammenhang mit der Triebverdrängung Angst und Schuldgefühl die Affektabwehr erzwingen, lassen sich noch Reste dieser Auswahl nach dem Lustprinzip bemerken. Das Ich ist um so schneller bereit, Affekte abzuwehren, die mit verbotenen Sexualregungen zusammenhängen, wenn es sich noch dazu um peinliche Affekte handelt, wie etwa Schmerz, Sehnsucht, Trauer. Positive Affekte dagegen können rein durch ihren Lustcharakter auch gegen den Druck eines Verbots etwas länger vom Ich gehalten werden oder sich auch gelegentlich im plötzlichen Durchbruch für kurze Dauer Duldung vom Ich erzwingen.

Diese simple Abwehr des primär peinlichen Affekts entspricht dann der Abwehr der primär peinlichen Reize, die dem Ich aus der Außenwelt zuströmen. Wir werden später sehen, daß dem Kind für diese primitiven Formen der Abwehr, die einfach dem Lustprinzip folgen, auch primitivere Techniken zur Verfügung stehen.

Nachprüfung in der analytischen Praxis. – Was man in der theoretischen Darstellung mühsam zusammensetzen und aneinanderreihen muß, das läßt sich glücklicherweise in der praktischen Analyse am Patienten ohne weitere Schwierigkeiten zeigen und beweisen. Wo immer wir einen Abwehrvorgang analytisch rückgängig machen, stoßen wir auf die einzelnen Faktoren, die an seinem Zustandekommen beteiligt waren. Wir erkennen in der Analyse das Maß von Energie, das bei der Herstellung der Verdrängungen aufgebracht worden ist, an der Stärke des Widerstands, der sich uns entgegenstellt, wenn wir diese Verdrängung wieder lösen wollen. Ebenso erkennen wir das Motiv, das zur Abwehr einer Triebregung geführt hat, an dem Gemütszustand des Patienten, der sich herstellt, wenn wir in der Analyse dem Abgewehrten wieder Zugang zum Bewußtsein verschaffen. Wenn wir neurotische Abwehr rückgängig machen, die unter dem Druck des Über-Ichs entstanden ist, dann empfindet der Analysierte Schuldgefühle, d. h. Angst vor dem Über-Ich. Wenn wir Abwehr rückgängig machen, die von der Außenwelt erzwungen wurde, so entsteht Realangst. Wenn wir ein Kind in der Analyse veranlassen, abgewehrte peinliche Affekte wieder zu empfinden, so spürt es dieselbe intensive Unlust, die sein Ich zum Gebrauch von Abwehrmaßnahmen veranlaßt hatte. Wenn wir uns schließlich in einen Abwehrvorgang mischen, der von der Angst vor der Triebgröße angeregt war, so ereignet sich auch wieder genau das, was das Ich verhüten wollte: die bis dahin niedergehaltenen Es-Abkömmlinge dringen ungehinderter in das Gebiet des Ichs vor.

Gesichtspunkte für die psychoanalytische Therapie. – Diese Übersicht über die Abwehrvorgänge zeigt uns gleichzeitig die verschiedenen möglichen Angriffspunkte für die analytische Therapie in voller Deutlichkeit. Der analytische Vorgang macht die Abwehr rückgängig, erzwingt den abgewehrten Triebregungen oder Affekten von neuem den Zutritt zum Bewußtsein und überläßt es dann Ich und Über-Ich, sich auf einer besseren Basis mit ihnen zu verständigen. Die günstigste Vorbedingung für eine gute Lösung der Konflikte findet sich dort, wo die Triebabwehr vorher aus Über-Ich-Angst erfolgt war. Hier ist der Konflikt ein wirklich innerpsychischer, der sich auch zwischen den Instanzen erledigen läßt, besonders wenn das Über-Ich inzwischen durch Analyse der Identifizierungen, auf die es aufgebaut ist, und durch Analyse der Aggression, die es übernommen hat, zugänglicher für Vernunftsansprüche geworden ist. Die Angst des Ichs vor dem Über-Ich ist dadurch geringer geworden. Es ist darum nicht mehr nötig, Abwehrmethoden mit pathologischen Folgen in Tätigkeit zu setzen.

Aber auch dort in der infantilen Neurose, wo die Abwehr

aus Realangst erfolgt war, hat die analytische Therapie sehr gute Aussicht auf Erfolg. Am einfachsten und unanalytischsten ist der Versuch des Analytikers, nach Rückgängigmachen des Abwehrvorgangs im Kind selbst, die Realität, nämlich die Erzieher des Kindes, so zu beeinflussen, daß weniger Realangst vorhanden ist; das Ich des Kindes wird dann weniger streng gegen den Trieb und hat weniger Triebabwehr nötig. In anderen Fällen zeigt sich in der Analyse, daß die Ängste, die die Abwehr zustande gebracht haben, einer schon vergangenen Wirklichkeit angehören; das Ich erkennt, daß es sich vor dieser Wirklichkeit nicht mehr zu fürchten braucht. In anderen Fällen wieder erweist sich die scheinbare Realangst als Vergrößerung, Vergröberung, Verzerrung der Realität im Sinne uralter, nicht mehr existierender Wirklichkeiten. Diese »Realängste« werden von der Analyse als phantastische Ängste entlarvt, für die es nicht lohnt, Triebabwehr in Tätigkeit zu setzen.

Das Rückgängigmachen von Affektabwehr zwecks Unlustvermeidung verlangt noch eine Zutat zur Analyse, wenn es wirksam bleiben soll. Das Kind muß lernen, immer größere Quantitäten von Unlust zu ertragen, ohne sofort seine Abwehrmechanismen zur Verteidigung zu Hilfe zu rufen. Wir erkennen allerdings, daß das eine Aufgabe ist, die theoretisch mehr der Erziehung des Kindes als seiner Analyse zugehört.

Nur diejenigen pathologischen Zustände, die auf der Abwehr aus Angst vor der Triebgröße beruhen, reagieren schlecht auf die analytische Bemühung. Hier bringt das Rückgängigmachen der Abwehr dem Ich Gefahr, ohne ihm gleich darauf auch Hilfe bringen zu können. Der Analytiker beruhigt in der Analyse den Patienten, der das Bewußtmachen seiner Es-Regungen fürchtet, immer mit der Versicherung, daß die bewußte Regung ungefährlicher und beherrschbarer ist als dieselbe Strebung im Zustande der Unbewußtheit. Die Situation der Abwehr aus Angst vor der Triebstärke ist die einzige, in der der Analytiker seine Versprechungen nicht halten kann. Dieser ernsthafteste Kampf des Ichs gegen die Überschwemmung vom Es her, wie etwa beim psychotischen Schub, ist vor allem eine quantitative Angelegenheit. Das Ich verlangt zu seiner Hilfe in diesem

Kampf nur nach Stärkung. Wo die Analyse sie ihm durch Bewußtmachung unbewußter Es-Inhalte geben kann, wirkt sie auch hier als Therapie. Wo die Analyse aber durch Bewußtmachung der unbewußten Ich-Tätigkeiten die Abwehrvorgänge aufdeckt und außer Tätigkeit setzt, wirkt sie als Schwächung des Ichs und befördert den Krankheitsprozeß.

B. BEISPIELE FÜR DIE VERMEIDUNG VON REALUNLUST UND REALGEFAHR
(VORSTUFEN DER ABWEHR)

SECHSTES KAPITEL

Die Verleugnung in der Phantasie

Die Abwehrmethoden, die die psychoanalytische Arbeit uns bisher kennen gelehrt hat, dienen alle ausschließlich dem Kampf des Ichs mit seinem Triebleben. Sie werden durch die drei großen Ängste in Bewegung gesetzt, denen das Ich ausgeliefert ist, durch Triebangst, Realangst und Gewissensangst. Auch der einfache Kampf widersprechender Triebregungen miteinander ist imstande, Abwehr auszulösen.

Der Entwicklungsweg der analytischen Forschung geht von den Konflikten zwischen dem Es und den Ich-Instanzen (Hysterie, Zwangsneurose usw.) zum Konflikt zwischen Ich und Über-Ich (Melancholie) und von dort zur Beobachtung der Konflikte zwischen Ich und Außenwelt (infantile Tierphobie in »Hemmung, Symptom und Angst«). In allen diesen Konfliktsituationen sträubt sich das Ich dagegen, ein Stück des eigenen Es zu akzeptieren. Das Abwehrende und das Abgewehrte bleiben also jedesmal konstant, die variablen Faktoren sind die Mächte, unter deren Druck das Ich die Abwehraktionen ausführt. In letzter Linie dient jede einzelne Abwehrhandlung immer wieder der Sicherung des Ichs und der Ersparung von Unlust.

Aber das Ich verteidigt sich nicht nur gegen Unlust, die von innen kommt. Zur gleichen frühen Zeit wie die gefährlicheren inneren Triebreize lernt es die Unlust kennen, die aus der Außenwelt stammt. Es steht in engem Kontakt mit der Außenwelt, entlehnt ihr seine Liebesobjekte, holt sich aus ihr die Eindrücke, die seine Wahrnehmung aufnimmt und sein Verstand verarbeitet. Je wichtiger ihm die Außenwelt als Lustquelle und Interessengebiet ist, desto größer sind die Möglichkeiten, Unlust von ihr zu erfahren. Das Ich des kleinen Kindes lebt noch nach dem Lustprinzip, es dauert lange, bis es zum Ertragen von Unlust erzogen wird. In dieser Zeit ist das Individuum noch zu schwach, um der Außenwelt aktiv entgegenzutreten, sich mit körperlichen Kräften zu wehren und sie nach seinem Willen zu verändern; es ist gewöhnlich körperlich zu gebunden, um vor ihr die Flucht zu ergreifen; es ist gleichzeitig noch zu unverständig, um das Unvermeidliche verstandesmäßig zu erfassen und sich ihm zu fügen. In dieser Zeit der Unreife und Abhängigkeit macht das Ich, unabhängig von seinen Versuchen zur Bewältigung der Triebreize, auch Abwehranstrengungen aller Art gegen die reale Unlust und die Realgefahren, die es bedrängen wollen.

Die Entstehung der psychoanalytischen Lehre aus der Neurosenforschung macht es verständlich, daß die analytische Beobachtung vor allem immer auf den inneren Kampf zwischen Trieb und Ich gerichtet war, dessen Folgezustände die neurotischen Symptome sind. Die Arbeit des kindlichen Ichs zur Unlustvermeidung in direkter Gegenwehr gegen die Eindrücke aus der Außenwelt gehört der Normalpsychologie an. Ihre Folgen sind vielleicht schwerwiegend für die Ich- und Charakter-Bildung, aber sie sind nicht pathogen. Wo immer wir diese Ich-Leistung in klinischen analytischen Arbeiten geschildert finden, erscheint sie deshalb nicht als das eigentliche Objekt der Untersuchung, sondern ist immer nur ein Nebenprodukt der Beobachtung.

Nehmen wir die Tierphobie des kleinen Hans noch einmal als Beispiel für ein solches klinisches Nebeneinander von Abwehrvorgängen nach innen und außen. Wir erfahren[15], daß der Neurose des Knaben die normalen Regungen seines Ödipuskomplexes zugrunde liegen. Er liebt die Mutter, gerät aus Eifersucht in eine aggressive Einstellung zum Vater, die sekundär wieder mit seiner zärtlichen Liebe zum Vater in Konflikt gerät. Die Aggression gegen den Vater weckt seine Kastrationsangst, die – als Realangst empfunden – den ganzen Apparat der Triebabwehr in Bewegung setzt. Die Methoden, deren seine Neurose sich bedient, sind die Verschiebung, vom Vater auf das Angsttier, und die Verwandlung der Bedrohung des Vaters in ihr Gegenteil, nämlich in die Angst, von ihm bedroht zu werden. Eine Regression zur oralen Stufe, das Gebissenwerden, tritt noch hinzu, um das Bild völlig zu entstellen. Die verwendeten Mechanismen erfüllen ihren Zweck der Triebabwehr vollkommen: die verpönte libidinöse Liebe zur Mutter und die gefährliche Aggression gegen den Vater sind ganz aus dem Bewußtsein verschwunden. Die Kastra-

[15] Aus der Schilderung in »Hemmung, Symptom und Angst«.

tionsangst vor dem Vater ist im Symptom der Pferdeangst gebunden; der Angstanfall aber kann mit Hilfe des phobischen Mechanismus durch die Auferlegung einer neurotischen Hemmung, nämlich durch den Verzicht auf das Ausgehen, vermieden werden.

Es ist dann die Aufgabe der Analyse des kleinen Hans, die Arbeit dieser Abwehrmechanismen wieder rückgängig zu machen. Die Triebregungen werden neuerlich aus den Entstellungen befreit, die Angst wird vom Pferd auf den Vater zurückgeführt und am eigentlichen Objekt besprochen, ermäßigt und als irreal erkannt. Die liebevolle Bindung an die Mutter darf von neuem aufleben, sich ein Stück weit im Bewußtsein ausleben und verliert durch den Wegfall der Kastrationsangst an Gefährlichkeit. Durch Wegfall der Kastrationsangst wird auch die durch sie erzwungene Regression überflüssig, die Entwicklung zur phallischen Stufe wird noch einmal nachgeholt. Die Neurose des Kindes ist damit geheilt.

Soviel über die Schicksale der Abwehrvorgänge, die gegen das Triebleben gerichtet sind.

Aber auch nach der Wiederherstellung seines normalen Trieblebens durch die analytischen Deutungen bleibt der kleine Hans noch eine Weile gestört. Die reale Außenwelt führt ihm ständig zwei Faktoren vor Augen, mit denen er sich auch jetzt noch nicht befreunden kann. Seine eigenen Körpermaße, vor allem die seiner Sexualorgane, sind naturgemäß geringer als die seines Vaters, was letzteren auch weiterhin zum unbesiegbaren Rivalen stempelt. Er bleibt also mit realem Grund neidisch und eifersüchtig. Beide Affekte beziehen sich außerdem noch auf Mutter und Schwester, die er um das gemeinsame Vergnügen bei der Körperpflege beneidet, bei der er wirklich nur die Rolle des unbeteiligten Dritten zu spielen hat. Es kann doch kaum sein, daß unsere Erwartung dahin geht, der Fünfjährige werde sich auf Grund bewußter und vernünftiger Einsicht in diese realen Versagungen fügen, sich vielleicht mit Versprechungen auf eine sehr entfernte Zukunft trösten lassen, jedenfalls aber diese Unlust auf sich nehmen, ähnlich wie er auf Grund bewußter Erkenntnis bereit war, schließlich die Tatsachen seines infantilen Trieblebens zu akzeptieren.

Die ausführliche Darstellung des kleinen Hans in der »Analyse der Phobie eines fünfjährigen Knaben« gibt uns wirklich andere Auskünfte über das Schicksal dieser beiden realen Versagungen. Am Ende seiner Analyse erzählt Hans zwei Tagträume: die Phantasie von den vielen Kindern, die er auf dem Klosett reinigt und betreut, und gleich darauf die Phantasie vom Installateur, der ihm mit einer Zange Gesäß und Glied abschraubt, um ihm größere und bessere zu bringen. Der Vater und Analytiker erkennt in ihnen unschwer die Erfüllung der beiden real unerfüllten Wünsche des Kindes. Hans hat jetzt – wenigstens in seiner Vorstellung – ein Genitale wie der Vater, und Kinder, mit denen er dasselbe tun darf wie die Mutter mit der kleinen Schwester.

Der kleine Hans, der schon vor diesen Phantasien sein Symptom der Straßenangst verloren hatte, gewinnt jetzt endlich mit dieser neuen Leistung auch noch seine gute Laune wieder. Er setzt sich mit ihrer Hilfe mit der Wirklichkeit auseinander, ähnlich wie es ihm in seiner Neurose gelungen war, sich mit seinen Triebregungen auseinanderzusetzen. Wir sehen, daß bewußte Einsicht in das Unvermeidliche dabei durchaus keine Rolle spielt. Hans *verleugnet die Realität mit Hilfe seiner Phantasie*, gestaltet sie für seinen eigenen Gebrauch nach seinen Wünschen um und ermöglicht sich erst damit ihre Anerkennung.

Die Verfolgung der Abwehrvorgänge in der Analyse des kleinen Hans scheint zu ergeben, daß das Schicksal seiner Neurose von dem Augenblick an bestimmt ist, in dem er die Verschiebung seiner Aggression und Angst vom Vater auf das Pferd vornimmt. Aber dieser Eindruck täuscht. Solche Ersetzungen des menschlichen Objekts durch ein Tier sind an und für sich noch kein neurotischer Vorgang, kommen auch in der normalen Kinderentwicklung häufig vor und können außerdem dort, wo sie sich finden, noch die verschiedensten Ausgänge nehmen.

Ein siebenjähriger Knabe meiner Beobachtung zum Beispiel ist mit folgender Phantasie beschäftigt: Er ist der Besitzer eines zahmen Löwen. Der Löwe schreckt alle andern Menschen und liebt nur ihn, folgt ihm aufs Wort und begleitet ihn wie ein Hündchen auf allen seinen Wegen. Er pflegt den Löwen, sorgt für seine Nahrung und Bequemlichkeit, bereitet ihm abends in seinem eigenen Zimmer ein Lager. Wie es bei fortgesetzten Tagträumen üblich ist, entwickeln sich aus dieser Grundphantasie zahlreiche lustvolle Episoden. Er geht in einem solchen Einzeltagtraum zum Beispiel auf ein Kostümfest und verbreitet, daß der Löwe, den er mit sich bringt, nur ein verkleideter Freund ist. Aber diese Mitteilung ist falsch, der angeblich Verkleidete ist sein wirklicher Löwe. Er genießt nun in der Vorstellung, wie sehr die Menschen sich fürchten würden, wenn sie hinter sein Geheimnis kämen. Gleichzeitig empfindet er ihre Angst als grundlos; der Löwe ist harmlos, solange er ihn in seiner Gewalt hält.

Ich erfahre leicht aus der Analyse des Knaben, daß dieser Löwe ein Ersatz für den Vater ist, den er, nicht anders als der kleine Hans, als wirklichen Rivalen bei der Mutter haßt und fürchtet. Die Verwandlung der Aggression in Angst und die Verschiebung vom Vater auf das Tier gehen bei beiden Kindern in gleicher Weise vor sich. Danach aber trennen sich die Wege ihrer Verarbeitung. Hans bildet aus der Angst vor dem Pferd seine Neurose, d. h. er legt sich Triebverzicht auf, verinnerlicht den ganzen Konflikt und zieht sich phobisch von den Versuchungssituationen zurück. Mein Patient macht es sich bequemer. Er verleugnet einfach – wie Hans in der Phantasie vom Installateur – eine peinliche Tatsache der Wirklichkeit und verkehrt sie in der Löwenphantasie in ihr lustvolles Gegenteil. Das Angsttier wird zum Freund ernannt; seine Stärke dient jetzt dem Knaben, anstatt ihn zu erschrecken. Und nur die in den Episoden ausgemalte Angst der anderen Menschen verrät noch die Vergangenheit des Löwen als einstiges Angstobjekt[16].

Ich füge an dieser Stelle die Tierphantasie eines anderen, zehnjährigen Patienten an. Im Leben dieses Knaben spielen zu einer bestimmten Zeit die Tiere eine überwältigende Rolle, der Tagtraum, der sich mit ihnen beschäftigt, füllt einen großen Teil seines Tages aus, über manche seiner Epi-

[16] Berta Bornstein berichtet über die Phantasien eines siebenjährigen Knaben, in denen diese Rückverwandlung vom guten zum bösen Tier im aktuellen Leben zu beobachten ist. Die Spieltiere, die er abends als Schutzgötter um sein Bett stellt, verbünden sich allnächtlich mit einem Ungeheuer, das sich auf ihn stürzen will.

soden besitzt er sogar Aufzeichnungen. Er ist in dieser Phantasie der Besitzer eines riesigen Zirkus und gleichzeitig Tierbändiger. Unter seiner Leitung vereinigen sich friedlich die wildesten Tiere, die in der Freiheit die ärgsten Feinde wären. Er zähmt sie, d. h. er lehrt sie, sich gegenseitig und dann auch die Menschen zu schonen. Er gebraucht bei seiner Dressur keine Peitsche, tritt nur mit den bloßen Händen unter die Tiere.

Der Mittelpunkt aller seiner Tierepisoden ist folgende Geschichte. Eines Tages, in einer Zirkusvorstellung, die alle Tiere versammelt, schießt plötzlich aus dem Publikum ein Räuber mit einer Pistole auf ihn. Sofort vereinigen sich die Tiere zu seinem Schutz und holen den Räuber vorsichtig, ohne jemand anderen zu verletzen, mitten aus der Menschenmenge. Die Phantasie beschäftigt sich weiter mit der Art, wie die Tiere – immer aus Liebe für ihren Herrn – den Räuber bestrafen, gefangenhalten, begraben, im Triumph aus ihren eigenen Körpern einen riesig in die Höhe ragenden Turm über ihm errichten. Sie nehmen ihn dann mit sich in ihre Höhle, wo er drei Jahre bleiben muß. Bei seiner endlichen Freilassung wird er noch von einer langen Reihe von Elefanten mit den Rüsseln geschlagen, schließlich mit erhobenem Finger (!) verwarnt und gemahnt, es nicht wieder zu tun. Das verspricht er. »Er wird es nicht wieder tun, solange ich mit meinen Tieren bin.« Eine merkwürdige Schlußbemerkung versichert noch, nach Schilderung alles dessen, was der Räuber von den Tieren zu erdulden hat, daß die Tiere ihn in der Gefangenschaft sehr gut genährt haben, so daß er nicht von Kräften gekommen ist.

Die Verarbeitung der ambivalenten Einstellung zum Vater mit Hilfe der Tierphantasie, die sich im Löwen des Siebenjährigen nur andeutete, geht in dieser Zirkusphantasie um mehrere Schritte weiter. Auch hier wird der gefürchtete Vater der Wirklichkeit durch Umkehrung in der Phantasie in die schützenden Tiere verwandelt. Nur ist daneben die Gestalt des gefährlichen Vaterobjektes selber noch im Räuber festgehalten. In der Löwengeschichte war es unbestimmt, gegen wen der Schutz des Vaterersatzes eigentlich gebraucht wird. Er erhöht nur im allgemeinen das Ansehen des Knaben in den Augen der andern Menschen. Aber in der Zirkusphantasie wird ganz deutlich, daß die Macht des Vaters, die sich in den Tieren verkörpert, dem Schutz vor dem Vater selber dient. Wieder deutet die Betonung der ehemaligen Wildheit der Tiere auf ihre Vergangenheit als ehemalige Angstobjekte hin. Ihre Stärke und Geschicklichkeit, ihre Rüssel und erhobenen Finger gehören offenbar in Wirklichkeit dem Vater an. Die Phantasie nimmt dem beneideten Vater diese wertvollen Attribute und schreibt sie dem Knaben zu, der jetzt mit ihrer Hilfe den Vater besiegt. Die Phantasie tauscht also die Rollen. Der Vater wird gemahnt, etwas »nicht wieder zu tun«, und muß Abbitte leisten. Es ist auffällig, daß das Versprechen der Sicherheit, das er dem Knaben schließlich, durch die Tiere gezwungen, leistet, an den Besitz der Tiere gebunden bleibt. In der Schlußbemerkung über die Ernährung des Räubers bricht schließlich auch die andere Seite der Ambivalenz dem Vater gegenüber siegreich durch. Der Tagträumer muß sich offenbar beruhigen, daß für das Leben des Vaters, trotz aller Aggressionen, gar nichts zu fürchten sei.

Die Motive, die in den geschilderten Tagträumen beider Knaben verwendet werden, sind nichts Individuelles, wir finden sie in Märchen und in der Kinderliteratur ganz allgemein wieder[17]. Ich erinnere in diesem Zusammenhang an das Volks- und Kindermärchen vom Jäger und den Tieren: Ein Jäger wird vom bösen König wegen eines geringen Vergehens ungerechterweise entlassen und aus seinem Haus im Wald vertrieben. Ehe er fortziehen muß, geht er noch einmal böse und traurig durch den Wald. Dort begegnet er nacheinander einem Löwen, einem Tiger, Panther, Bären usw. Er legt jedesmal auf das große Tier an, um es zu erschießen; jedesmal beginnt das Tier zu seinem Erstaunen zu sprechen und bittet um sein Leben. (»Lieber Jäger, laß mich leben – Ich will dir auch zwei Junge geben!«) Der Jäger geht jedesmal auf den Handel ein und zieht mit den geschenkten Jungen weiter. Wie er schließlich auf diese Weise ein riesiges Gefolge von jungen wilden Tieren gesam-

[17] Man kann hier auch auf das »Motiv der hilfreichen Tiere« im Mythos hinweisen, das in der psychoanalytischen Literatur bisher von anderen Gesichtspunkten her gelegentlich behandelt wurde; vgl. O. Rank, Der Mythos von der Geburt des Helden, Schriften zur angew. Seelenkunde, 5. Heft, S. 87 ff.

melt hat, wird er sich der Stärke seiner Heerschar bewußt, zieht mit ihnen in die Hauptstadt und vor das Königsschloß. Von der Drohung erschreckt, daß der Jäger die Wildheit der Tiere gegen ihn entfesseln könnte, gibt der König ihm Genugtuung und tritt ihm noch dazu aus Angst sein halbes Königreich und seine Tochter zur Frau ab. Wir erkennen unschwer im Jäger des Märchens eine Sohnesfigur, die mit dem Vater im Kampf steht. Der Zweikampf macht hier einen besonderen Umweg. Der Jäger verzichtet darauf, sich am großen wilden Tier zu rächen, das der erste Vaterersatz ist. Dafür bekommt er die Jungen abgetreten, die die Kräfte des Tieres verkörpern. Mit diesen neuen Kräften, die jetzt ihm gehören, besiegt er den Vater und erzwingt sich noch dazu von ihm den Besitz einer Frau. Auch hier verkehrt also die Phantasie die realen Verhältnisse ins Gegenteil. Ein starker Sohn tritt dem Vater gegenüber, der bei dem Anblick seiner Mächtigkeit schwach wird, nachgibt und ihm alle seine Wünsche erfüllt. Das Kindermärchen bedient sich keiner anderen Methoden als die Zirkusphantasie bei meinem Patienten.

Die oben geschilderte Löwenphantasie findet in der Kinderliteratur auch noch außerhalb der Tiergeschichten ihr Gegenstück. In vielen Kinderbüchern, am deutlichsten vielleicht in der Geschichte vom kleinen *Lord Fauntleroy*[18] und im *Little Colonel*[19] finden wir die Figur eines kleinen Knaben oder Mädchens, die gegen alle Erwartung imstande sind, einen bösen, von aller Welt gefürchteten, mächtigen oder reichen alten Mann zu »zähmen«. Sie haben als einzige Zugang zu seinen Gefühlen, erreichen es, von ihm geliebt zu werden, obwohl er sonst alle Menschen haßt. Der bisher unbeherrschbare und unbeherrschte alte Mann läßt sich schließlich vom kleinen Kind leiten und beherrschen und am Ende noch zu allen möglichen guten Taten für andere Menschen verlocken.

Auch in diesen Erzählungen kommt die Lust wieder durch die volle Umkehrung der Wirklichkeit zustande. Das Kind erscheint nicht nur als Besitzer und Beherrscher der mächtigen Vaterfigur (des Löwen) und erhebt sich damit über alle

[18] Little Lord Fauntleroy von Alice Hodgson Burnett.
[19] Little Colonel von Annie Fellows Johnston.

Menschen seiner Umgebung; das Kind ist auch der Erzieher, der allmählich die Umwandlung vom Bösen zum Guten vollbringt. Wir erinnern uns: auch der erstgeschilderte Löwe wird zur Schonung der Menschen erzogen, und die Tiere des Zirkusdirektors müssen vor allem lernen, ihre Aggressionen untereinander und gegen die Menschen zu beherrschen. Auch die Angst vor dem Vater hat in diesen Kindergeschichten wieder das gleiche Schicksal wie in den Tierphantasien. Sie verrät sich in der Angst der anderen, die das Kind beschwichtigt; aber ihr Vorhandensein an dieser Stelle erhöht von dort her noch den Lustgewinn.

Die Methode zur Vermeidung von Realunlust und Realangst, die wir an den beiden Phantasien des kleinen Hans und den Tierphantasien meiner Patienten kennengelernt haben, ist eine sehr einfache. Das Ich des Kindes sträubt sich dagegen, ein Stück unliebsamer Wirklichkeit zur Kenntnis zu nehmen. So wendet es sich erst einmal von der Realität ab, verleugnet sie und ersetzt das Unerwünschte bei sich durch die Vorstellung vom umgekehrten Sachverhalt. So wird der böse Vater in der Phantasie zum schützenden Tier, das ohnmächtige Kind zum Beherrscher mächtiger Vaterfiguren. Wenn die Umwandlung gelingt, wenn das Kind durch die Phantasiebildung für das betreffende Stück der Wirklichkeit unempfindlich gemacht wird, so erspart sich das Ich die Angstentwicklung und alle Triebabwehr und Neurosenbildung.

Wir finden diesen Mechanismus, der einem normalen Stadium der kindlichen Ich-Entwicklung angehört, dann im späteren Leben noch einmal als höchsten Ausdruck psychischer Erkrankung wieder. In bestimmten akuten psychotischen Verwirrtheitszuständen benimmt das Ich des Individuums sich der Realität gegenüber nicht anders. Unter dem Eindruck der Schockwirkung, etwa eines plötzlichen Objektverlustes, leugnet es den realen Tatbestand und ersetzt ein Stück unerträglicher Wirklichkeit durch die Produktion eines erwünschten Wahngebildes.

Die Gegenüberstellung der kindlichen Phantasiebildung mit dem psychotischen Wahn gibt einen ersten Hinweis, warum das menschliche Ich sich den einfachen und dabei so souveränen Mechanismus der Leugnung von realen Angst-

und Unlustquellen nicht weitgehender zunutze machen kann. Die Fähigkeit des Ichs, die Realität zu leugnen, steht im vollen Widerspruch zu einer anderen, von ihm sehr hoch geschätzten Leistung: zu seiner Fähigkeit, die Realität zu erkennen und kritisch zu prüfen. In der frühen Kindheit wirkt dieser Widerspruch noch nicht als Störung. Bei dem kleinen Hans, dem Löwenbesitzer und dem Zirkusdirektor ist die Funktion der Realitätsprüfung völlig intakt. Sie glauben natürlich nicht wirklich an die Existenz ihrer Tiere oder an ihre Überlegenheit über ihre Väter. Mit dem Intellekt verstehen sie Phantasie und Wirklichkeit sehr gut zu unterscheiden. In ihrem Gefühlsleben aber ist der reale peinliche Tatbestand entwertet und die ihm entgegengesetzte Phantasie überbesetzt, so daß die aus der Vorstellung bezogene Lust über die reale Unlust triumphieren kann.

Es ist schwer zu sagen, wann das Ich diese Möglichkeit verliert, sich auch über größere Mengen realer Unlust mit Hilfe seiner Phantasien hinwegzusetzen. Wir wissen, daß auch im erwachsenen Leben der Tagtraum teils als Erweiterung einer zu engen Wirklichkeit, teils als Umkehrung dieser Wirklichkeit noch eine Rolle spielen kann. Aber er ist zu dieser Zeit nicht viel mehr als ein spielerisches, libidinös wenig besetztes Nebenprodukt, kann höchstens noch ganz geringe Quantitäten von Unbehagen bewältigen oder das Individuum über nebensächliche Unlust hinwegtäuschen. Seine ursprüngliche Bedeutung als Abwehrmittel gegen Realängste geht scheinbar schon mit Ablauf der ersten Kindheitsperiode verloren. Wir vermuten einesteils, daß die Realitätsprüfung objektiv erstarkt, so daß sie sich auch im Gefühlsleben nicht mehr ausschalten zu lassen braucht; wir wissen, daß das im Ich herrschende Bedürfnis nach Synthese das Nebeneinander von Widersprechendem im späteren Leben überhaupt verbietet; vielleicht ist auch ganz im allgemeinen die Bindung des reiferen Ichs an die Realität eine stärkere, so daß eine Hochschätzung der Phantasie wie in früheren Jahren an und für sich nicht möglich ist. Sicher ist jedenfalls, daß die Phantasiebefriedigung im erwachsenen Leben ihre Harmlosigkeit verliert, daß Phantasie und Wirklichkeit, sobald es sich um ernsthaftere Besetzungsgrößen handelt, nicht mehr friedlich nebeneinander existieren können, sondern in die Beziehung eines Entweder-Oder treten, und daß der Durchbruch zum Lustgewinn an wahnhaften Gebilden für den Erwachsenen der Weg in die Psychose ist. Ein Ich, das den Versuch macht, sich durch Leugnungen Angst, Triebverzicht und Neurose zu ersparen, überspannt damit diesen Mechanismus. Wenn das in der Latenzperiode geschieht, so wird es sich, wie die beiden von mir geschilderten Knaben, eine Charakterverzerrung erwerben; wenn es in der Erwachsenheit vorkommt, werden seine Beziehungen zur Realität damit in bedenklicher Weise erschüttert werden[20].

Es ist derzeit unmöglich zu sagen, was im Ich des Erwachsenen vor sich geht, wenn es die wahnhafte Befriedigung wählt und die Funktion der Realitätsprüfung aufgibt. Es trennt sich von der Außenwelt ab, hört auf, die aus ihr anlangenden Reize überhaupt zu registrieren. In der Beziehung zum Triebleben können ähnliche Unempfindlichkeiten für anlangende Reize nur mit Hilfe des Verdrängungsmechanismus erworben werden.

SIEBENTES KAPITEL

Die Verleugnung in Wort und Handlung

Das kindliche Ich hat immerhin durch mehrere Jahre die Freiheit, bei intakter Realitätsprüfung hinwegzuleugnen, was ihm an der Wirklichkeit mißfällt. Es bedient sich dieser Möglichkeit im ausgiebigsten Maße, beschränkt sich dabei auch nicht auf das reine Vorstellungs- und Phantasiegebiet,

[20] Ich erinnere daran, daß die Beziehung des Mechanismus der Verleugnung zu psychischer Erkrankung und Charakterbildung in den letzten Jahren mehrfach Bearbeitung gefunden hat. Helene Deutsch (Zur Psychologie der manisch-depressiven Zustände, insbesondere der chronischen Hypomanie. Int. Ztschr. f. Psychoanalyse, XIX, 1933, bes. S. 371) behandelt die Bedeutung dieses Abwehrvorgangs für die Genese der chronischen Hypomanie, Bertram D. Lewin (Analyse und Struktur einer passageren Hypomanie. Int. Ztschr. f. Psychoanalyse, XX, 1934, bes. S. 83) schildert seine Verwendung durch das neugebildete Lust-Ich des hypomanischen Patienten, Anny Angel (Einige Bemerkungen über den Optimismus. Int. Ztschr. f. Psychoanalyse, XX, 1934) weist auf die Beziehung zwischen Verleugnung und Optimismus hin.

denkt nicht nur, sondern handelt. Es benutzt die verschiedensten Dinge der Außenwelt, um seine Umkehrungen auch darzustellen. Die Verleugnung der Wirklichkeit ist natürlich auch eines der vielen Motive, die hinter dem kindlichen Spiel im allgemeinen und dem Rollenspiel des Kindes im besonderen zu finden sind.

Ich erinnere an dieser Stelle an das kleine Buch eines englischen Schriftstellers, der dieses Nebeneinander von Phantasie und Wirklichkeit im Leben seines kindlichen Helden in besonders reizvoller Weise in Versen beschreibt. (»When we were very young« von A. A. Wilne.) In der Kinderstube dieses Dreijährigen stehen vier Stühle. Auf dem ersten dieser Stühle ist er ein Abenteurer, der den Amazonenstrom in nächtlichen Fahrten hinauffährt. Auf dem zweiten ist er ein brüllender Löwe, der seine Kinderfrau schreckt, auf dem dritten ein Kapitän, der sein Schiff durch das Meer lenkt. Auf dem vierten aber, einem hohen Kinderstühlchen, versucht er sich vorzustellen, daß er nur er selber, nämlich ein kleiner Junge ist. Was der Dichter ausdrücken will, ist nicht schwer zu erraten: die Elemente zum Aufbau einer lustvollen Phantasiewelt bieten sich dem Kind von selber an. Seine Aufgabe und Leistung aber sind die Erkenntnis und Verarbeitung der tatsächlichen Wirklichkeit.

Es ist auffällig, wie bereit die Erwachsenen sind, gerade auf der Basis dieses Mechanismus mit Kindern zu verkehren. Sehr viel von dem Vergnügen, das der Erwachsene überhaupt dem Kind bereitet, entsteht durch seine Mithilfe bei solchen Verleugnungen. Man versichert im täglichen Leben auch dem kleinsten Kind, »wie groß« es schon ist, und behauptet, allem Augenschein zum Trotz, daß es stark ist »wie der Vater«, geschickt »wie die Mutter«, tapfer »wie ein Soldat«, ausdauernd wie irgendein »großer Bruder«. Es ist verständlicher, daß alle Tröstung des Kindes sich solcher Umkehrungen bedienen muß. Die eben geschlagene Wunde tut, nach den Versicherungen des Erwachsenen, »schon gar nicht mehr weh«, die verhaßten Speisen »schmecken gar nicht schlecht«, wer zur Kränkung des Kindes eben fortgegangen ist, wird »sofort wiederkommen«. Manche Kinder greifen solche Trostformeln sogar auf und wenden sie stereotyp zur Bezeichnung des Peinlichen an. Ein kleines, zweijähriges Mädchen zum Beispiel konstatiert jedes Verschwinden der Mutter aus dem Zimmer durch ein mechanisch gemurmeltes: »Mammi kommt gleich.« Ein anderes (englisch sprechendes) Kind ruft auf jede schlecht schmeckende Medizin klagend aus: » like it, like it«, ein Satzrest, der ihm aus der Aufforderung der Nurse geblieben ist, die Tropfen doch gut zu finden.

Auch vieles von den Geschenken, die etwas ferner stehende Erwachsene Kindern bringen, bewegt sich auf derselben Linie. Ein Handtäschchen oder ein kleiner Sonnen- oder Regenschirm sollen das kleine Mädchen in der Fiktion unterstützen, daß es »eine Dame ist«. Ein Spazierstock, Uniform und Ausrüstungsgegenstände aller Art dienen beim Knaben der Darstellung der Männlichkeit. Aber schließlich stellen auch die Puppen neben allen andern Zwecken die Fiktion der Mutterschaft her, die Eisenbahnen, Automobile und Baukasten schaffen neben andern Wunscherfüllungen und neben den Sublimierungsmöglichkeiten, die sie zu bieten haben, die angenehme Phantasie von einer Beherrschung der Welt. Hier führt der Weg vom Studium der reinen Abwehr- und Vermeidungsvorgänge in das Studium der Bedingungen des kindlichen Spiels, wie es von den verschiedenen Richtungen akademischer Psychologie ausführlich betrieben wird.

Auch der noch ungelöste Konflikt zwischen den verschiedenen Methoden der Kleinkinderziehung (Froebel- gegen Montessori-Methode) kann von hier aus eine weitere theoretische Begründung finden. Es handelt sich dabei ja eigentlich um die Streitfrage, wieweit es die Aufgabe der Erziehung ist, schon das kleinste Kind ausschließlich auf die Verarbeitung der Wirklichkeit hinzuweisen, wieweit es der Erziehung gestattet ist, ihm bei der Abkehr von dieser Wirklichkeit und dem Aufbau einer Phantasiewelt Vorschub zu leisten.

Das freiwillige Mittun des Erwachsenen bei der Umleugnung der peinlichen Wirklichkeit bleibt aber unter allen Umständen an gewisse strenge Bedingungen gebunden. Man erwartet vom Kind, daß die Darstellung der Phantasiewelt sich in bestimmten Grenzen hält. Wer eben noch Pferd oder Elefant war und wiehernd oder trompetend auf allen vieren gegangen ist, muß imstande sein, im nächsten Augenblick verhältnismäßig still und gesittet bei Tisch zu sitzen. Der Löwenbändiger muß sich selber wieder irgendeinem Kindermädchen unterwerfen können, der Abenteurer oder Pirat es sich gefallen lassen, ins Bett geschickt zu werden, gerade wenn in der Welt der Erwachsenen das Interessanteste beginnt. Das Wohlwollen des Erwachsenen für den Verleugnungsmechanismus des Kindes hört in dem Augenblick auf, in dem der Übergang zwischen Phantasie und Realität sich nicht mehr glatt, momentan und reibungslos vollzieht, in dem das Kind aus der Phantasie Konsequenzen für sein wirkliches Benehmen ableiten will, oder noch schärfer ausgedrückt: in dem Augenblick, in dem die Phantasietätigkeit des Kindes aufhört, Spiel zu sein und zum Automatismus oder Zwang wird.

Ein kleines Mädchen meiner Beobachtung zum Beispiel kann mit der Tatsache des Geschlechtsunterschiedes nicht fertigwerden. Sie hat einen älteren und einen jüngeren Bruder. Der Vergleich mit ihnen wird für sie zur Quelle ständiger, quälender Unlust, die nach irgendeiner Abwehr oder Verarbeitung drängt. In der Entwicklung ihres Trieblebens spielt gleichzeitig der Exhibitionismus eine besondere Rolle. Infolgedessen nimmt ihr Penisneid und -wunsch die Form an, daß sie auch etwas herzuzeigen haben möchte wie die Brüder. Wir wissen aus anderen Kinderentwicklungen, daß ihr zur Erfüllung dieses Wunsches verschiedene Wege zur Verfügung stünden. Sie könnte etwa das Bedürfnis, etwas herzuzeigen, vom Genitale weg auf ihren übrigen hübschen Körper verschieben. Sie könnte Interesse für schöne Kleider bekommen und »eitel« werden. Sie könnte turnerische und akrobatische Glanzleistungen entwickeln und sich damit die Kunststücke des brüderlichen Penis ersetzen usw. Sie wählt in Wirklichkeit einen noch kürzeren Weg. Sie verleugnet den Penismangel, erspart es sich damit also auch, einen Ersatz zu schaffen; und sie zeigt von da an den nicht Vorhandenen fast zwangsmäßig her[21]. Im Körperlichen sieht das so aus,

[21] Vgl. hierzu S. Rados Auffassung vom »Wunschpenis« des kleinen Mädchens, der als halluzinatorische Reproduktion des beobachteten männlichen Gliedes geschildert wird. (Die Kastrationsangst des Weibes, Internationaler Psychoanalytischer Verlag, Wien, 1934).

daß sie gelegentlich die Röcke hebt und exhibiert. Das soll heißen: »Schau, was ich Schönes habe!« Im täglichen Leben ruft sie bei jeder nur möglichen Gelegenheit die andern Menschen zur Bewunderung für etwas nicht Existierendes auf[21]. »Komm und schau, wie viele Eier die Hühner gelegt haben!« »Hörst du nicht, da ist schon der Wagen, mit dem der Onkel kommt!« In Wirklichkeit sind weder die erwarteten Eier gelegt worden, noch ist der ersehnte Wagen angekommen. In der ersten Zeit erntet sie mit diesen Scherzen bei den Erwachsenen noch Belustigung und Anerkennung. Bei den Geschwistern, denen sie damit ständig schockartige Enttäuschungen zufügt, ruft sie Tränenströme hervor. Man könnte sagen, zu diesem Zeitpunkt hält sich ihr Benehmen gerade noch an der Grenze zwischen Spiel und Zwang.

Noch deutlicher wird der gleiche Vorgang bei dem siebenjährigen Löwenbändiger des letzten Kapitels. Wie seine Analyse zeigt, will er nicht nur Reste von Unlust und Unbehagen durch seine Phantasien kompensieren, sondern versucht, seine ganze gewaltige Kastrationsangst auf solche Weise zu bewältigen. Seine Leugnungen nehmen überhand, er kann seinem Bedürfnis nach Verwandlung aller furchterregenden Objekte in schützende oder ihm unterworfene Freunde gar nicht mehr nachkommen. Er setzt die Versuche noch energischer fort und setzt alles, was ihn schreckt, in seiner Wertung immer tiefer hinunter. Alles Angsterregende wird jetzt lächerlich. Da ihm aber die ganze Welt Angst macht, wird auch die ganze Welt ins Lächerliche verzerrt. Er beantwortet den ständigen Druck der Kastrationsangst mit einem ebenso ständigen Witzeln. Dieses Witzeln, das zuerst spielerisch wirkt, verrät seinen zwanghaften Charakter dann dadurch, daß er nur mehr beim Scherzen angstfrei ist und jeden Versuch, sich der Außenwelt ernsthaft zu nähern, mit Angstausbrüchen bezahlt.

Die Figur des kleinen Gernegroß, der mit Hut und Stock des Vaters »Vater« spielt, gilt als normale Erscheinung; sie ist uns jedenfalls bekannt und vertraut. Aus der Vorgeschichte eines meiner kindlichen Patienten, bei dem jede Beobachtung eines größeren und stärkeren Mannes die intensivste Verstimmung hervorruft, berichtet man mir über ein ähnliches Verhalten. Er setzt den Hut des Vaters auf und spaziert damit herum. Solange ihn niemand dabei stört, ist er zufrieden und glücklich. Dasselbe tut er einen Sommeraufenthalt lang mit einem gepackten Rucksack auf seinem Rücken. Der Unterschied zwischen ihm und dem kleinen Gernegroß ist nur der, daß sein Spiel ernsthaft ist; denn jeder Zwang, den Hut im Zimmer, beim Essen, beim Schlafengehen abzunehmen, wird von ihm mit Unruhe und Verstimmung beantwortet.

Was mit dem Hut des Vaters beginnt, verschiebt sich dann auf eine erwachsen aussehende Schirmmütze, die er zum Geschenk erhält. Er trägt die Mütze überallhin mit sich, hält sie krampfhaft in der Hand, wo es nicht erlaubt ist, sie auf dem Kopf zu tragen. Allerdings macht er immer wieder die Erfahrung, daß man die Hände manchmal auch zu andern Zwecken gebraucht. Bei einer solchen Gelegenheit, bei der er ängstlich nach Unterkunft für seine Mütze sucht, entdeckt er die Möglichkeit, die der Vorderlatz seiner Lederhose ihm bietet. Er schiebt die Mütze mit plötzlichem Entschluß in die Hosentür, hat die Hände frei und konstatiert erleichtert, daß sie jetzt immer bei ihm bleiben kann. Sie ist auch offenbar dort angekommen, wohin sie ihrer symbolischen Bedeutung nach von Anfang an gehört: in der nächsten Nähe seines Genitales.

Ich habe im Vorangegangenen die geschilderten Handlungen der Kinder in Ermangelung eines andern Namens immer wieder als Zwang bezeichnet. Sie haben auch, von außen her gesehen, die größte Ähnlichkeit mit Zwangssymptomen. Aber sie sind natürlich, wenn man sie näher betrachtet, keine Zwangshandlungen im eigentlichen Sinne. Ihre Struktur entspricht in keiner Weise dem, was wir als charakteristisch für den Bau der neurotischen Symptome überhaupt erkannt haben. Am Anfang des Prozesses, der ihr Zustandekommen einleitet, steht zwar auch wie bei der neurotischen Symptombildung eine reale Versagung oder Enttäuschung. Aber der entstandene Konflikt wird von da aus nicht verinnerlicht, sondern bleibt an der Außenwelt haften. Die Abwehrmethode, die das Ich zu Hilfe ruft, richtet sich nicht gegen das Triebleben, sondern direkt gegen die versagende Außenwelt. So wie beim neurotischen Konflikt die Wahrnehmung des verpönten Triebreizes durch Verdrängung abgewehrt wird, so weigert sich das kindliche Ich mit Hilfe der Verleugnung, den peinlichen Eindruck aus der Außenwelt zur Kenntnis zu nehmen. Bei der Zwangsneurose wird die Verdrängung durch eine Reaktionsbildung gesichert, die das Gegenteil der verdrängten Triebregung enthält (Mitleid statt Grausamkeit, Scham stat Zeigelust). Ebenso wird in den geschilderten kindlichen Zuständen die Verleugnung durch die Schaffung des umgekehrten Tatbestands mit Hilfe von Phantasie, Wort oder Handlung ergänzt und gehalten. Die Reaktionsbildung des Zwangsneurotikers erfordert zu ihrer Erhaltung den ständigen Aufwand, den wir als Gegenbesetzung bezeichnen. Auch die Aufrechterhaltung und Darstellung der lustvollen Phantasien verlangt vom Ich des Kindes einen ständigen Aufwand. Wenn die Brüder dem kleinen Mädchen ständig ihre Männlichkeit vor Augen führen, so antwortet sie darauf mit der ebenso ständigen Versicherung: »Auch ich habe etwas herzuzeigen.« Der Mützenträger hält den Männern der Umwelt, die unaufhörlich seinen Neid herausfordern, ebenso unaufhörlich Hut, Mütze oder Rucksack entgegen, die ihm handgreiflich seine eigene Männlichkeit beweisen. Bei jeder Unterbrechung solcher Handlungen von außen her geschieht dasselbe wie bei der äußeren Unterbindung echter Zwänge. Das mühsam gehaltene Gleichgewicht zwischen Abgewehrtem und Abwehr wird gestört, der verleugnete Außenweltsreiz oder der verdrängte Triebreiz will sich zur bewußten Kenntnis durchsetzen und erzeugt im Ich Angst und Unlustgefühle.

Die Methode der Verleugnung durch Wort und Handlung unterliegt im zeitlichen Gebrauch denselben Einschränkungen, die ich im vorigen Kapitel für die Verleugnung in der Phantasie geschildert habe[22]. Sie kann nur so lange verwendet werden, als sie neben der Realitätsprüfung bestehen kann, ohne sie zu stören. Unter den Bedingungen der durch Synthese geeinigten erwachsenen Ich-Organisation verschwindet sie und taucht erst dort wieder auf, wo die Beziehung zur Realität schwer gestört und die Realitätsprüfung eingestellt ist. In der psychotischen Wahnbildung zum Beispiel

[22] Eine Brücke zwischen der »Verleugnung in Wort und Handlung« und zwischen der »Verleugnung in der Phantasie« bildet das »Rollenspiel« der Kinder, dessen ausführliche Analyse hier unterbleibt.

dient ein Stück Holz, nicht anders wie ein solcher Schutzgegenstand in der Kindheit, zur Darstellung ersehnter oder verlorener Objekte[23]. Die einzige Ausnahme in der Neurose macht vielleicht der Talisman des Zwangsneurotikers. Aber ich getraue mich nicht zu sagen, ob der Besitz, an den ein solcher Patient sich krampfhaft klammert, den Schutz gegen verpönte innere, gegen gefährliche äußere Mächte bedeutet, oder ob er vielleicht beide Abwehrfunktionen in sich vereinigt hat.

Die Methode der Verleugnung durch Wort und Handlung ist aber einer noch weiteren Einschränkung unterworfen als die Verleugnung in der Phantasie. Das Kind ist beim Phantasieren souverän. Solange es seine Phantasien niemandem mitteilt, hat die Umgebung keine Veranlassung, sich einzumischen. Dagegen braucht die Darstellung der Phantasien in Wort und Tat Raum in der Außenwelt. Die Nachgiebigkeit der Außenwelt gegenüber diesen Darstellungen des Kindes ist also die äußere Bedingung für die Anwendbarkeit des Mechanismus, ähnlich wie seine Verträglichkeit mit der Realitätsprüfung die innere Bedingung ist. Bei dem Mützenträger zum Beispiel hängt der Erfolg seiner Abwehrversuche ganz davon ab, ob man ihm im Haus, in Schule und Kindergarten die Kopfbedeckung gestattet. Die Außenwelt anderseits läßt sich in ihrem Urteil über die Normalität oder Abnormalität solcher Schutzmechanismen nicht von dem inneren Bau der Abwehrform, sondern nur durch den Grad ihrer Auffälligkeit bestimmen. Solange der Knabe mit seinem Zwangshut herumgeht, hat er ein »Symptom«. Er gilt als sonderbar, steht jeden Augenblick in Gefahr, seines Angstschutzes beraubt zu werden. Zu einer andern Zeit seines Lebens ermäßigt er seine Schutzanforderungen. Er legt Rucksack und Kopfbedeckungen ab und begnügt sich damit, ständig einen Füllbleistift in der Tasche zu tragen. Von da an gilt er als normal. Er hat seinen Mechanismus zur Zufriedenheit der Umwelt untergebracht oder wenigstens vor ihren Blicken und Anforderungen verborgen. Das ändert allerdings nichts an seiner inneren Angstsituation. Er ist an

[23] Vgl. dazu R. Laforgues Auffassung von der Skotomisation (Überlegungen zum Begriff der Verdrängung), Int. Ztschr. f. Psychoanalyse, XIV, 1928, S. 371 f.

das Tragen des Füllbleistifts genauso zwanghaft zur Verleugnung seiner Kastrationsangst gebunden geblieben und bezahlt den eventuellen Verlust oder jede Trennung von ihm mit den alten Angst- und Unlustausbrüchen.

Die Nachgiebigkeit der Außenwelt solchen Schutzmaßnahmen gegenüber entscheidet gelegentlich darüber, ob die Angstentwicklung an dieser Stelle aufgehalten und im primitiven »Symptom« gebunden wird, oder ob der Abwehrversuch scheitert, die Angstentwicklung fortschreitet, direkt zum inneren Konflikt, zur Wendung der Abwehrversuche gegen das Triebleben und damit zur wirklichen neurotischen Verarbeitung führt. Es wäre aber gefährlich, den Versuch einer Verhütung der infantilen Neurosen etwa auf solche Nachgiebigkeit gegen die Verleugnungen aufzubauen. Das Ich erwirbt sich, wo der Mechanismus über Gebühr gebraucht wird, Auswüchse, Sonderbarkeiten, Eigenheiten, die sich – wenn die Zeit der primitiven Leugnungen endgültig abgelaufen ist – nur schwer wieder rückbilden lassen.

ACHTES KAPITEL

Die Ich-Einschränkung

Die Parallele zwischen den Methoden der Unlustvermeidung nach außen und innen, die mit der Gegenüberstellung von Verleugnung und Verdrängung, Phantasiebildung und Reaktinosbildung begonnen hat, läßt sich an einem anderen, simpleren Abwehrmechanismus noch weiter fortsetzen. Die Methode der Leugnung mit daraufgesetzter Phantasie vom Gegenteil wird in Situationen verwendet, in denen der peinliche Außenweltseindruck unentrinnbar ist. Eine so komplizierte psychische Leistung ist gar nicht notwendig, wo das Ich des etwas älteren Kindes durch seine größere körperliche Bewegungsfreiheit und seine größeren psychischen Aktionsmöglichkeiten dem Reiz entrinnen kann. Statt den peinlichen Eindruck wahrzunehmen und nachträglich durch Besetzungsentzug zu entwerten, steht es dem Ich ja frei, es gar nicht auf das Zusammentreffen mit der gefährlichen äußeren

Situation ankommen zu lassen. Das Ich kann also flüchten und »vermeidet« dadurch die Entstehung von Unlust im wahrsten Sinne des Wortes. Dieser Mechanismus der Vermeidung ist ein so primitiver und selbstverständlicher, ist auch so untrennbar mit der normalen Ich-Bildung verknüpft, daß es nicht leicht ist, ihn für die Zwecke der theoretischen Diskussion aus seinen gewöhnlichen Zusammenhängen zu lösen und gesondert zu betrachten.

Derselbe Knabe, den ich im vorigen Kapitel als Mützenträger eingeführt habe, gibt mir während seiner Analyse auch Gelegenheit, solche Entwicklungen seiner Unlustvermeidung zu beobachten. Er findet eines Tages bei mir einen kleinen Block mit magischen Blättern, die er sehr schätzt und liebt. Er macht sich eifrig daran, die einzelnen Blätter mit einem bunten Bleistift anzustreichen, und ist zufrieden, daß ich das gleiche tue. Plötzlich wirft er aber einen Blick auf meine Arbeit hinüber, stockt und wird verstört. Im nächsten Augenblick legt er seinen Buntstift beiseite, schiebt mir den ganzen Vorrat zu, den er bis dahin eifersüchtig gehütet hat, steht auf und sagt: »Mach du sie nur, ich schau viel lieber zu.« Es ist deutlich, daß ihm beim Herüberschauen mein Zeichenblatt schöner, fertiger oder vollkommener erschienen ist als seines. Der Vergleich wirkt offenbar auf ihn als Schock. Aber er beendet, schnell gefaßt, die Konkurrenz mit ihren peinlichen Folgen durch den Verzicht auf die eben noch lustbetonte Tätigkeit. Er begibt sich in die Rolle des Zuschauers, dessen nicht vorhandene Leistung mit keiner fremden mehr verglichen werden kann, und verhütet durch diese Einschränkung die Wiederholung des unlustvollen Eindrucks.

Dieser Vorfall bleibt auch kein vereinzelter. Ein Spiel mit mir, in dem er nicht gewinnt, ein Abziehbild, das mehr Defekte zeigt als meines, irgendeine Einzelhandlung, die er mir nicht gleich nachmachen kann, genügen, um den gleichen Stimmungsumschwung bei ihm hervorzurufen. Er wird unlustig, inaktiv und zieht wie automatisch sein Interesse von der jeweiligen Beschäftigung zurück. Dafür verweilt er zwangshaft und endlos bei andern, bei denen er sich überlegen fühlt. Es ist nur selbstverständlich, daß er sich in seiner ersten Schulklasse auch nicht anders benehmen kann als im Zusammensein mit mir. Er verweigert konsequent jedes Mittun bei Spiel und Arbeit der andern, bei dem er sich nicht völlig sicher weiß. Er geht zwischen den Kindern herum und »schaut zu«. Seine Methode zur Bewältigung von Unlust durch Umkehrung ins lustvolle Gegenteil hat sich verwandelt. Er schränkt seine Ich-Funktionen ein, zieht sich, sehr zum Schaden seiner Entwicklung, von allen äußeren Situationen zurück, die ihm die am meisten gefürchtete Unlust präsentieren können. Nur im Verkehr mit sehr viel jüngeren Kindern kann er sich auch weiterhin uneingeschränkt und interessiert benehmen.

In modern geführten Kindergärten und in Schulanstalten, in denen der Gesamtunterricht zugunsten des frei gewählten individuellen Lernens in den Hintergrund tritt, ist der Typus meines Mützenträgers gar nichts Seltenes. Die dort arbeitenden Erzieher berichten, daß zwischen den gewohnten Gruppen der Aufgeweckten, Interessierten und Fleißigen einerseits und den intellektuell Stumpferen, Uninteressierten und Faulen anderseits eine neue Zwischenschicht von Kindern entstanden ist, deren Zustand sich auf den ersten Blick in keine der bekannten Kategorien von Lernstörung einreihen läßt. Diese Kinder sind trotz ausgesprochener Intelligenz und guter Entwicklung, trotzdem sie von den Mitschülern als gute Kameraden geachtet werden, nicht in den regelrechten Spiel- oder Arbeitsbetrieb einzuordnen. Sie benehmen sich, als wären sie eingeschüchtert, obwohl die Schulmethoden Kritik und Tadel streng vermeiden. Aber schon der bloße Vergleich ihrer Leistungen mit denen der andern genügt, um ihnen ihre Arbeit zu entwerten. Aus dem Mißlingen einer Aufgabe oder eines Materialspiels beziehen sie eine dauernde Abneigung gegen die Wiederholung des Versuchs. Sie bleiben darum untätig, wollen sich an keinen Platz und keine Beschäftigung binden und begnügen sich damit, den andern bei der Arbeit zuzuschauen. Sie wirken sekundär durch ihr Herumlungern und auch dissozial, denn sie geraten in ihrer Langeweile in Konflikte mit denjenigen, die in Arbeit oder Spiel vertieft sind.

Es liegt nahe, diese Kinder wegen des Kontrastes zwischen ihrer guten Begabung und ihren schlechten Leistungen als neurotisch gehemmte zu betrachten und hinter ihrer Störung dieselben Vorgänge und Inhalte zu vermuten, die uns aus der Analyse echter Hemmungen bekannt sind. Beide Zustandsbilder zeigen jedenfalls die gleiche Beziehung zur Vergangenheit. Bei beiden spielt das Symptom sich nicht am Eigentlichen ab, sondern nur an einem aktuellen Ersatz für ein zentrales Element der Vergangenheit. Bei der Rechen- oder Denkhemmung der Schüler, der Sprechhemmung der Erwachsenen, der Spielhemmung des Musikers zum Beispiel ist nicht das gedankliche Hantieren mit Vorstellungen oder Zahlen, das Aussprechen der Worte, das Führen des Geigenbogens oder das Berühren der Klaviertasten die eigentlich vermiedene Tätigkeit. Diese an sich harmlosen Ich-Leistungen sind nur in Beziehung zu alten abgewehrten Sexualhandlungen geraten, haben deren Vertretung auf sich genommen und ziehen als »sexualisierte« Tätigkeiten jetzt die Abwehr auf sich. Ebenso hat die aus den Vergleichen bezogene Unlust, gegen die die geschilderten Kinder sich wehren, nur Ersatzcharakter. Die bessere Leistung, die die Außenwelt ihnen entgegenhält, bedeutet, wenigstens bei meinen Patienten, den Anblick des größeren Genitales, das ihn neidisch macht, der Wettstreit, in den sie sich einlassen sollen, die aussichtslose Konkurrenz mit dem Rivalen der Ödipusphase oder die unlustvolle Demonstration des Geschlechtsunterschiedes.

Dafür unterscheiden sich die beiden Störungen in einem andern Punkte. Die Arbeitsfähigkeit der beschriebenen Zuschauer läßt sich durch einen Wechsel in den Arbeitsbedingungen wiederherstellen. Die echten Hemmungen sind konsequent und bleiben von Veränderungen in der Umwelt eher unbeeinflußt. Ein kleines Mädchen einer solchen Kindergruppe zum Beispiel ist durch äußere Umstände genötigt, der ersten Schulklasse, in der sie »zuschaut«, für eine Weile fernzubleiben. Sie wird allein unterrichtet und bewältigt spielend den Lehrstoff, zu dem sie im Beisein der andern Kinder keinen Zugang finden konnte. Derselbe Umschwung zeigt sich auch bei einer andern Siebenjährigen. Sie erhält Nachhilfeunterricht, um den schlechten Schulfortgang auszugleichen. Sie benimmt sich in diesen Einzelstunden normal und ungehemmt, ohne das diese gute Leistung aber in den parallel danebenlaufenden Schulunterricht zu übertragen wäre. Die beiden Schulmädchen können also lernen, wenn ihre Leistungen nur nicht den Vergleich mit denen der Kolleginnen aushalten müssen; mein kleiner Patient kann sich beschäftigen, wenn kleinere und nicht größere Kinder seine Spielgefährten sind. Für den äußeren Anschein benehmen diese Kinder sich, als wäre die Handlung selbst von innen und außen durch Verbote unterbunden. In Wirklichkeit verbietet sie sich von selbst, wenn sie zu einem unlustvollen Eindruck führt. Die Lage dieser Kinder ist also dieselbe wie die uns aus dem Studium der Weiblichkeit[24] bekannte innere Situation des kleinen Mädchens an einem entscheidenden Entwicklungspunkt. Abgesehen von Strafe und Gewissensangst verzichtet das Mädchen zu einer bestimmten Zeit auf seine Klitorismasturbation und schränkt damit die männlichen Bestrebungen ein. Sie fühlt sich durch den Vergleich mit dem zur Masturbation besser ausgestatteten Knaben in ihrer Selbstliebe gekränkt und will nicht durch Wiederholung der masturbatorischen Handlungen ständig an diese Zurücksetzung erinnert werden.

Es wäre aber falsch, zu glauben, daß nur die Unlust des Unterliegens im Vergleich, also Enttäuschung und Entmutigung mit Hilfe solcher Einschränkungen vermieden werden. In der Behandlung eines zehnjährigen Patienten habe ich Gelegenheit, denselben Vorgang zur Vermeidung direkter Realangst aus umgekehrtem Anlaß als passageres Symptom in Tätigkeit treten zu sehen. Der Knabe entwickelt sich in einer bestimmten Phase seiner Analyse zum glänzenden Fußballspieler. Die großen Jungen der Schule schätzen seine Leistung und lassen den viel Jüngeren zu seiner Freude als Gleichberechtigten zu ihren Spielen zu. Nach kurzer Zeit berichtet er mir einen Traum: *Er spielt Ball. Ein großer Junge schießt so stark, daß er nur gerade noch über den Fußball wegspringen kann, um nicht getroffen zu werden.* Er erwacht danach mit Angst. – Die Deutung zeigt, daß sein Stolz über den Verkehr mit Großen sich schnell in Angst verwandelt hat. Er fürchtet die Aggression der älteren Jungen, die ihn um sein Spiel beneiden könnten. Die anfangs lustvolle Situation, die er durch seine Leistung schafft,

[24] Freud, Neue Folge der Vorlesungen zur Einführung in die Psychoanalyse. Ges. Schr., Bd. XII, S. 283.

hat sich damit in eine ängstliche verwandelt. Das gleiche Thema wiederholt sich kurz darauf in einer Einschlafphantasie. Er sieht die Buben, die ihm mit dem Ball die Füße abschießen wollen. Der große Fußball fliegt auf ihn zu, er zuckt im Bett mit seinen Füßen in die Höhe, um sie noch zu retten. Die Füße spielen bei ihm, wie seine Analyse schon ergeben hat, auf dem Umweg über Geruchsempfindungen, Steifheit, Lahmheit usw. eine besondere Rolle als Vertreter seines Genitales. – Mit Traum und Phantasie ist die Entwicklung seiner neuen Leidenschaft gestört. Seine Leistungen gehen zurück, das Ansehen, das er dafür genossen hat, verschwindet schnell wieder. Er sagt mit diesem Rückzug: »Ihr braucht mir nicht die Füße abzuschießen, ich bin ja ohnehin kein guter Spieler mehr.«

Mit dieser Einschränkung seines Ichs nach einer Seite ist der Prozeß bei ihm aber noch nicht zu Ende. Er verstärkt plötzlich beim Rückzug vom Sport eine ganz andere Seite seiner Leistungen, nämlich seine seit jeher vorhandene Neigung zur Dichtkunst und zur Schriftstellerei. Er liest mir Gedichte vor, verfertigt eigene, bringt mir Novellen mit, die er schon als Siebenjähriger geschrieben hat, und macht weitgehende Zukunftspläne für seine Dichterkarriere. Der Fußballspieler hat sich damit in einen Literaten verwandelt. In einer Stunde dieser Art gibt er mir eine graphische Darstellung seiner Einstellung zu den verschiedenen männlichen Berufen und Betätigungen. Die Literatur bekommt dabei einen großen dicken Punkt in der Mitte seiner Zeichnung zugewiesen, Wissenschaften aller Art werden im Kreis darum angeordnet, die praktischen Berufe folgen in entfernteren Punkten. In einer obersten Ecke des Blattes, ganz am Rand gelegen, erhält schließlich der vor kurzem noch so wichtige Sport ein winziges Pünktchen, das seine höchste Geringschätzung für solche Vergnügungen ausdrücken soll. Es ist lehrreich, zu sehen, wie schon nach wenigen Tagen seine bewußte Wertschätzung nach Art einer Rationalisierung seiner Angst gefolgt ist. Auf dem Gebiet der Dichtkunst bringt er allerdings in diesen Tagen wirklich Erstaunliches zusammen. Die leere Stelle, die durch Ausfall der Sportleistung in seiner Ich-Funktion entstanden ist, wird durch tatsächliche Überproduktion nach einer andern Richtung in gewissem Sinne wieder wettgemacht. Die Analyse macht natürlich klar, daß die Angst vor der Rache der großen Buben ihre Stärke aus der Wiederholung seiner Vaterkonkurrenz bezieht.

Ein zehnjähriges Mädchen geht mit großen Erwartungen in ihre erste Tanzgesellschaft. Sie gefällt sich in ihren neuen Kleidern und Schuhen, auf die sie sehr viel Nachdenken verwendet hat, und verliebt sich augenblicklich in den hübschesten und vornehmsten der anwesenden Buben. Der Zufall, daß er als gänzlich Unbekannter den gleichen Familiennamen trägt wie sie, gibt ihr Anlaß zu einer Phantasie geheimer Zugehörigkeit. Sie benimmt sich entgegenkommend gegen ihn, findet aber keine Anerkennung. Er macht sogar nach einem Tanz eine spöttische Bemerkung über ihre Ungeschicklichkeit. Die Enttäuschung wirkt auf sie wie eine schockartige Beschämung. Sie vermeidet von da an solche Gesellschaften, verliert das Interesse an Kleidern und gibt sich keine Mühe mehr, das Tanzen zu erlernen. Eine Weile behält sie noch ein gewisses Vergnügen daran, anderen Kindern unbeteiligt und ernsthaft beim Tanzen zuzuschauen und eventuelle Aufforderungen abzuweisen. Allmählich belegt sie diese ganze Seite ihres Lebens mit hochmütiger Verachtung. Aber gleichzeitig macht sie, ebenso wie der Fußballspieler, diese Ich-Einschränkung wieder wett. Sie steigert beim Rückzug von den weiblichen Interessen ihre Denk- und Lernleistungen und erwirbt sich schließlich auf einem längeren Umweg doch noch die Anerkennung vieler Buben ihres Alters. Die spätere Analyse zeigt, daß die Zurückweisung durch den gleichnamigen Jungen von ihr als Wiederholung eines traumatischen Ereignisses der allerersten Kinderjahre verstanden worden ist. Das Element in der Situation, vor der ihr Ich flüchtet, ist hier wieder nicht Angst oder Schuldgefühl, sondern intensivste Unlust über eine erfolglose Werbung.

Kehren wir von hier aus noch einmal zum Unterschied zwischen Hemmung und Ich-Einschränkung zurück. Der neurotisch Gehemmte wehrt sich gegen die Durchsetzung einer verpönten Triebhandlung, also gegen Unlustentbindung durch innere Gefahr. Auch wo seine Angst und Abwehr sich wie in der Phobie scheinbar gegen die Außenwelt richten, fürchtet er in ihr sein Inneres. Er vermeidet die Straße, um seinen eigenen alten Versuchungen dort nicht zu begegnen. Er weicht seinem Angsttier aus, nicht um sich gegen das Tier selbst, sondern gegen seine eigenen, durch eine Begegnung geweckten aggressiven Regungen und ihre Folgen zu schützen. Die Methode der Ich-Einschränkung anderseits wehrt aktuelle unlustvolle Außenweltseindrücke ab, die das Wiederaufleben vergangener unlustvoller Außenweltseindrücke zur Folge hätten. Der Unterschied zwischen Hemmung und Ich-Einschränkung liegt also wieder wie beim Vergleich zwischen Verdrängung und Verleugnung darin, daß der Abwehrvorgang das eine Mal gegen das eigene Innere, das andere Mal gegen die Reize der Außenwelt gerichtet wird.

Weitere Differenzen zwischen diesen beiden Zustandsbildern sind dann noch Folgen dieses einen prinzipiellen Unterschieds. Hinter der neurotisch gehemmten Handlung steht ein Triebwunsch. Die Hartnäckigkeit, mit der jede einzelne Es-Regung sich um Erreichung ihres Befriedigungsziels bemüht, verwandelt den einfachen Hemmungsvorgang in ein fixiertes neurotisches Symptom, in dem Es-Wunsch und Abwehr ständig miteinander ringen. Das Individuum verausgabt seine Energie in diesem Kampf und bleibt an den Wunsch zu rechnen, vorzutragen, Violine zu spielen usw. mit geringen Abwandlungen vom Es aus gebunden, wobei gleichzeitig die Verhinderung oder wenigstens die Verschlechterung seiner Ausführungen vom Ich her mit derselben Standhaftigkeit erzwungen wird.

Bei der Ich-Einschränkung aus Realangst oder -unlust liegt eine solche Bindung an die gestörte Tätigkeit nicht vor. Hier steht nicht die Handlung selbst, sondern die durch sie erzeugte Unlust oder Lust im Vordergrund. Bei seiner Suche nach Lust und seiner Unlustvermeidung wirtschaftet das Ich frei mit allen Leistungen, die zur Verfügung stehen. Es läßt die Handlungen fallen, die zu Unlust- oder Angstentbindung führen, hält auch den Wunsch nach ihrer Ausführung nicht fest. Es zieht sein Interesse von ganzen Gebieten zurück und wirft die Aktivität nach schlechten Erfahrungen in möglichst entgegengesetzte Richtungen. So wird aus dem Fußballspieler ein Dichter, aus der enttäuschten Tänzerin die Vorzugsschülerin. Natürlich schafft das Ich dabei nicht neue Fähigkeiten, es kann sich nur vorhandener bedienen.

Die Ich-Einschränkung als Methode der Unlustvermeidung gehört ebenso wie die verschiedenen Formen der Leugnung nicht der Neurosenpsychologie, sondern dem normalen Prozeß der Ich-Entwicklung an. Beim jungen und plastischen Ich belohnt sich der Rückzug von der einen Seite gelegentlich durch konzentrierte Höchstleistungen auf anderem Gebiet. Wo das Ich starr ist oder wo es sich bereits eine Intoleranz für Unlust erworben hat und sich zwanghaft an die Fluchtmethode bindet, dort bestraft sich diese durch schlechte Folgen für die Ich-Ausbildung. Das Ich wird durch den Rückzug aus zu vielen Positionen einseitig, verliert zu viele Interessen und verarmt an Leistungen.

Die theoretische Unterschätzung der Einstellung des kindlichen Ichs auf Unlustvermeidung ist mitverantwortlich für das Mißlingen mancher pädagogischer Experimente der letzten Jahre. Die moderne Pädagogik will dem wachsenden Ich des Kindes größere Handlungsfreiheit, vor allem freie Wahl der Tätigkeit und Interessen sichern. Absicht ist die bessere Entwicklung des Ichs und die Unterbringung aller Sublimierungen. Aber das Kind der Latenzperiode kann die Aufgabe der Angst- und Unlustvermeidung noch höher stellen als direkte oder indirekte Triebbefriedigung. Es wählt in vielen Fällen, wo es nicht von äußeren Forderungen gelenkt wird, seine Beschäftigungen nicht nach Begabung und Sublimierungsmöglichkeit, sondern nur nach schneller Sicherung vor Angst und Unlust. Zur Überraschung der Erzieher ist dann der Erfolg solcher Wahlfreiheit nicht Persönlichkeitsentfaltung, sondern Ich-Verarmung.

Mit Hilfe solcher Abwehrmittel gegen reale Unlust und Realgefahr, von denen ich drei hier beispielsweise angeführt habe, betreibt das kindliche Ich Neurosenprophylaxe auf seine eigene Gefahr. Es hält Angstentwicklung auf und deformiert sich selbst zum Zweck der Leidensverhütung. Aber die Schutzmaßnahmen, die es aufbaut, wie etwa die Flucht vor körperlicher Leistung auf geistiges Gebiet, wie die Bindung der Frau an Gleichstellung mit Männern, wie die Einschränkung des Funktionierens auf den Verkehr mit

Schwächeren, sind im späteren Leben allen Angriffen von außen ausgesetzt. Änderungen der Lebensform, die durch Katastrophen, wie Objektverlust, Krankheit, Not und Krieg, erzwungen werden, konfrontieren das Ich von neuem mit der ursprünglichen Angstsituation. Ein solcher Entzug des Angstschutzes kann dann, nicht anders als die Versagung gewohnter Triebbefriedigung, zum aktuellen Anlaß für Neurosenbildung werden.

In der Unselbständigkeit des kindlichen Lebens läßt sich ein solcher Anlaß zur Neurosenbildung gelegentlich je nach dem Willen des Erwachsenen erzeugen oder aus dem Wege räumen. Das Kind, das in der freien Schule nicht lernt, sondern zuschaut oder zeichnet, wird unter den Bedingungen des strengeren Schulbetriebs »gehemmt«. Die Unerbittlichkeit, mit der die Außenwelt an einer Forderung festhält, ergibt die Bindung an die Tätigkeit, die Unlust bringt; die Unentrinnbarkeit der Unlust aber verlangt nach neuen Mitteln der Bewältigung. Anderseits kann auch die fertige Hemmung oder ein Symptom noch von dem Außenschutz beeinflußt werden. Die Mutter, die sich durch den Anblick des gestörten Kindes geängstigt und in ihrem Stolz gekränkt fühlt, verschafft ihm Sicherung und verhütet das Zusammentreffen mit Unlustsituationen in der Außenwelt. Das heißt aber, sie benimmt sich dem Symptom des Kindes gegenüber nicht anders als der Phobiker zu seinem Angstanfall, sie ermöglicht Flucht und Leidensverhütung durch künstliche Einschränkung der kindlichen Handlungsfreiheit. Diese gemeinsame Arbeit an der Sicherung gegen Angst und Unlust bei Mutter und Kind trägt wahrscheinlich die Verantwortung für die so häufige Symptomlosigkeit der kindlichen Neurosen. Man muß ein solches Kind erst seinem Schutz entziehen, ehe der Umfang seiner Symptome sich objektiv beurteilen läßt.

C. ZWEI BEISPIELE FÜR ABWEHRTYPEN

NEUNTES KAPITEL

Die Identifizierung mit dem Angreifer

Die Abwehrgewohnheiten des Ichs sind verhältnismäßig durchschaubar, solange die einzelnen Methoden isoliert gebraucht werden und nur im Kampf mit einer speziellen Gefahr Verwendung finden. Wo wir Leugnungen antreffen, handelt es sich um äußere Gefahr; wo Verdrängungen im Gang sind, kämpft das Ich mit Triebreizen. Die große äußere Ähnlichkeit zwischen Hemmung und Ich-Einschränkung macht die Zuordnung zum äußeren oder inneren Kampf schon weniger gesichert. Aber die Verhältnisse werden noch verwirrtere, wo Abwehrvorgänge sich kombinieren oder wo dasselbe Mittel das eine Mal nach innen, das andere Mal nach außen hin gebraucht wird. Beides gilt zum Beispiel in vollem Maße für die Identifizierung. Durch ihre Verwendung zum Aufbau des Über-Ichs dient sie der Bewältigung des Trieblebens. Zu anderen Zeiten aber bedeutet sie, wie ich im folgenden zu zeigen versuche, im Verein mit anderen Methoden eines der wichtigsten Mittel im Umgang mit den angsterregenden Objekten der Außenwelt.

August Aichhorn berichtet aus seiner Praxis als Erziehungsberater über den Fall eines Volksschülers, der ihm wegen Grimassierens zugewiesen wird. Der Lehrer klagt, daß der Junge Tadel und Ermahnung nicht in normaler Weise entgegennehmen kann. Er schneidet bei solchen Anlässen Gesichter, über welche die ganze Schulklasse in Lachen ausbricht. Der Lehrer kann sich dieses Benehmen nur als bewußte Verspottung oder aber als Folge ticartiger Zuckungen erklären. Die Angaben des Lehrers bestätigten sich leicht, das Grimassieren wiederholt sich auch in der Beratungsstunde. Gleichzeitig aber bringt die Unterredung zu dritt die Aufklärung des Zustandes. Die aufmerksame Beobachtung der beiden zeigt, daß die Grimassen des Jungen nichts anderes sind als ein verzerrtes Abbild der Gesichtszüge des ärgerlichen Lehrers. Der Junge, der dem Tadel des Lehrers standhalten soll, bewältigt seine Angst durch unwillkürliche Nachahmung des Zornigen. Er übernimmt selber seinen Zorn und folgt den Worten des Lehrers mit dessen eigenen, nicht wiedererkannten Ausdrucksbewegungen. Das Grimassieren dient hier also der Angleichung oder Identifizierung mit dem gefürchteten Objekt der Außenwelt.

Das kleine Mädchen, das, wie oben berichtet, die Kränkungen des Penisneids durch Magie und Zauberei zu überwinden sucht, verwendet mit Absicht und Bewußtsein, was dieser Junge unwillkürlich zustande bringt. Sie traut sich nicht, das Vorzimmer der Wohnung zu überqueren; die Dunkelheit macht ihr Gespensterangst. Aber sie erlernt es einmal plötzlich und ist jetzt imstande, den gefürchteten Raum mit allerlei sonderbaren Bewegungen zu durchlaufen. Nach kurzem teilt sie ihrem kleinen Bruder triumphierend das Geheimnis ihrer Angstbewältigung mit. »Du brauchst dich im Vorzimmer nicht zu fürchten«, sagt sie. »Du mußt nur spielen, daß du selber der Geist bist, der dir begegnen könnte.« Ihre magischen Gebärden dabei erklären sich offenbar als die von ihr vermuteten Bewegungen der Geister.

Was uns in den geschilderten Beispielen als Eigenheit der beiden Kinder entgegentritt, ist in Wirklichkeit eine der natürlichsten und verbreitetsten Verhaltungsweisen des primitiven Ichs, die aus dem Studium der Geisterbeschwörungen und religiösen Zeremonien primitiver Zeiten längst bekannt ist. Auch in zahlreichen Kinderspielen dient diese Verwandlung der eigenen Person in ein gefürchtetes Objekt der Umwandlung von Angst in lustbetonte Sicherheit. Es ist deutlich, daß auch von hier aus wieder ein Weg zum Verständnis des kindlichen Rollenspiels hinüberführt.

Die körperliche Darstellung des Gegners entspricht aber nur der Verarbeitung eines einzigen Stücks aus einem zusammengesetzten Angsterlebnis, dessen andere Elemente, wie andere Beobachtungen zeigen, auch noch nach weiterer Bewältigung verlangen.

Mein schon mehrmals geschilderter sechsjähriger Patient macht Zahnarztbesuche. Einige Male geht es ausgezeichnet, die Behandlung ist schmerzlos, er triumphiert und macht sich über alle lustig, die den Zahnarzt fürchten. Ein nächstes Mal aber kommt er außerordentlich verstimmt zur Stunde. Der Zahnarzt hat ihm soeben weh getan. Er ist böse und unfreundlich und läßt es an den Dingen meines Zimmers aus.

Ein Radiergummi ist sein erstes Opfer. Er will ihn zum Geschenk haben. Da ich das verweigere, nimmt er ein Messer und will ihn mitten auseinanderschneiden. Dann richtet sich seine Begehrlichkeit auf eine große Spagatrolle. Er will auch sie geschenkt und malt mir aus, wie gut er sie als Leine für seine Tiere brauchen könnte. Da ich die ganze Rolle verweigere, greift er zum Messer und schneidet wenigstens ein großes Stück davon für sich ab. Aber er verwendet es nicht; statt dessen wird es nach kurzer Zeit noch einmal in lauter kleine Teile zerschnitten. Schließlich verwirft er auch den Bindfaden, wendet sich zu den Bleistiften und spitzt sie unermüdlich mit dem Messer, bricht alle Köpfe ab und spitzt sie wieder weiter. Es wäre falsch zu sagen, daß er »Zahnarzt« spielt. In seinem Benehmen ist das Bild des Arztes gar nicht mitenthalten. Seine Identifizierung betrifft nicht die Person des Gegners, nur dessen Aggression.

Derselbe Knabe kommt ein anderes Mal nach einem kleinen Unfall. Er ist bei einem Bewegungsspiel in seiner Schule dem Sportlehrer mit aller Kraft in die vorgestreckte Faust gelaufen. Er blutet an der Lippe, ist verweint und verbirgt beides hinter einer vorgehaltenen Hand. Ich versuche ihn zu trösten und zu beruhigen. Er verläßt mich in einem kläglichen Zustand, kehrt aber am nächsten Tag sehr aufrecht und in voller Kriegsausrüstung zu mir zurück. Er trägt eine Militärmütze auf dem Kopf, einen Säbel an der Seite und eine Kinderpistole in der Hand. Auf mein Erstaunen über die Verwandlung sagt er nur: »Ich wollte einmal so angezogen mit dir spielen.« Dann spielt er aber gar nicht, setzt sich statt dessen hin und schreibt einen Brief an seine Mutter: »Liebe Mami, bitte, bitte, bitte, bitte, schenk mir das versprochene Taschenmesser schon vor Ostern!« Wieder können wir nicht sagen, daß er zur Bewältigung des angsterregenden Ereignisses vom Vortag die Person des Lehrers darstellt, mit dem er den Zusammenstoß gehabt hat. Was er vorspielt, ist diesmal auch nicht dessen Aggression. Seine Waffen und Ausrüstungsgegenstände bedeuten offenbar als männliche Attribute die Stärke des Lehrers und dienen, ähnlich wie die Attribute des Vaters in den Tierphantasien, der Identifizierung mit seiner Männlichkeit und damit der Verteidigung gegen narzißtische Beschädigungen und Unfälle.

Die bisher zusammengestellten Beispiele enthalten gut Bekanntes. Das Kind introjiziert etwas von der Person des Angstobjekts und verarbeitet auf diese Weise ein eben vorgefallenes Angsterlebnis. Das Mittel der Identifizierung oder Introjektion tritt dabei mit einer zweiten wichtigen Methode in Verbindung. Mit der Darstellung des Angreifers, der Übernahme seiner Attribute oder seiner Aggression verwandelt das Kind sich gleichzeitig aus dem Bedrohten in den Bedroher. In »Jenseits des Lustprinzips« ist die Bedeutung dieser Wendung von der Passivität zur Aktivität für die Verarbeitung unlustvoller oder traumatischer Erlebnisse des infantilen Lebens ausführlich geschildert. »Wenn der Doktor dem Kinde in den Hals geschaut oder eine kleine Operation an ihm ausgeführt hat«, heißt es dort, »so wird dies erschreckende Erlebnis ganz gewiß zum Inhalt des nächsten Spieles werden, aber der Lustgewinn aus anderer Quelle ist dabei nicht zu übersehen. Indem das Kind aus der Passivität des Erlebens in die Aktivität des Spielens übergeht, fügt es einem Spielgefährten das Unangenehme zu, das ihm selbst widerfahren war, und rächt sich so an der Person dieses Stellvertreters[25].« Was für das Spiel gilt, läßt sich auf das Benehmen des Kindes übertragen. Bei dem grimassierenden Knaben und der kleinen Zauberin ist zwar das Schicksal der übernommenen Bedrohung nicht weiter zu verfolgen. Der andere Knabe aber richtet seine Aggression, die er vom Zahnarzt und vom Lehrer übernommen hat, in seinem Bösesein diffus gegen die ganze Außenwelt.

Das Auftreten des gleichen Umwandlungsprozesses wirkt dann befremdender, wenn die Angst sich gar nicht auf ein vergangenes, sondern auf ein zukünftiges Ereignis bezieht. Ich berichte an anderer Stelle über einen Knaben, der die Gewohnheit hat, überstark an der Klingel seines Pflegeheims zu läuten. Wenn ihm geöffnet wird, überhäuft er das Hausmädchen mit lauten Vorwürfen über ihre Verspätung und Unaufmerksamkeit. Zwischen seiner Hantierung an der Klingel und dem Ausbruch seines Ärgers liegt aber die Angst vor den Vorwürfen, die man ihm wegen seines rücksichtslosen Läutens machen könnte. Er überfällt also das Mädchen mit Anklagen, ehe sie Zeit hat, ihre Klage gegen sein Benehmen

[25] Ges. Schr., Bd. VI, S. 203.

vorzubringen. Die Vehemenz seines prophylaktischen Schimpfens entspricht dabei der Stärke seiner Angst. Er verwendet die übernommene Aggression auch nicht gegen irgendeinen Stellvertreter, sondern wendet sie zurück, gerade gegen diejenige Person der Außenwelt, von der er Aggression erwartet hat. Der Austausch zwischen Angreifer und Angegriffenem wird also in diesem Falle bis zu Ende durchgeführt.

Ein anschauliches Beispiel dieser Art berichtet Jenny Wälder aus der Behandlung eines fünfjährigen Knaben[26]. Zur Zeit, in der die Analyse sich dem Material über die Onanie mit den dazugehörigen Phantasien nähert, verfällt der sonst schüchterne und gehemmte Junge in einen Zustand wilder Aggression. Seine sonst passive Haltung verschwindet, von seinen femininen Zügen ist nichts mehr zu bemerken. Er attackiert in der Stunde die Analytikerin als brüllender Löwe. Er trägt eine Rute mit sich herum und spielt Krampus; das heißt, er schlägt im Stiegenhaus, zu Hause und in der Stunde nach den Menschen. Großmutter und Mutter beklagen sich, daß er Versuche macht, sie ins Gesicht zu schlagen. Die Beunruhigung der Mutter erreicht den Höhepunkt, als er beginnt, mit Küchenmessern zu hantieren. Die Arbeit in der Analyse zeigt dann, daß die aggressive Aktivität des Kindes keiner Enthemmung seiner Triebregungen entspricht. Er ist von einer Befreiung seiner männlichen Tendenzen noch weit entfernt. Er hat nur Angst. Das Bewußtwerden und das notwendige Eingeständnis seiner alten und rezenten Sexualbetätigung erweckt Straferwartungen in ihm. Seinen Erfahrungen nach werden die Erwachsenen böse, wenn sie solche Handlungen bei einem Kind entdecken. Man wird angebrüllt, mit Ohrfeigen eingeschüchtert, mit der Rute geschlagen; vielleicht wird einem auch etwas mit einem Messer abgeschnitten. Die Aktivität mittels Gebrüll, Rute und Messer dient also der Darstellung und Vorwegnahme seiner Befürchtungen. Er hat die Aggression der Erwachsenen, vor denen er sich schuldig fühlt, introjiziert und wendet sie jetzt aktiv gegen dieselben Personen seiner Außenwelt zurück. Seine Aggressionen steigern sich dann jedesmal, wenn er sich der Mitteilung des gefährlichen Materials annähert. Nach dem endlichen Durchbruch, der Be-

[26] Nach einem mündlichen Bericht aus dem Wiener Kinderseminar.

sprechung und Deutung seiner verbotenen Gedanken und Gefühle läßt er die plötzlich überflüssig gewordene Krampusrute, die er bis dahin ständig mit sich geführt hat, bei der Analytikerin zurück. Sein Zwang zu schlagen verschwindet gleichzeitig mit seiner angstvollen Erwartung, Schläge zu bekommen.

Wir erkennen in dieser »Identifizierung mit dem Angreifer« eine gar nicht seltene Zwischenstufe in der normalen Über-Ich-Entwicklung des Individuums. Wenn die beiden letztgeschilderten Knaben sich mit den Strafandrohungen der Erwachsenen identifizieren, so machen sie damit einen entscheidenden Schritt zur Entwicklung ihrer Über-Ich-Instanz; sie verinnerlichen eine von außen kommende Kritik ihrer Handlungsweise. Durch fortschreitende Verinnerlichungen dieser Art, durch die Introjektion der Eigenschaften der Erzieher, durch Übernahme ihrer Attribute und ihrer Meinungen liefern sie ja fortlaufend dem Über-Ich das Material zu seiner Ausgestaltung. Aber sie machen trotzdem an dieser Stelle mit der Aufrichtung der Über-Ich-Instanz noch nicht recht Ernst. Die verinnerlichte Kritik wird noch nicht sofort in Selbstkritik verwandelt. Sie wendet sich, wie wir an den vorangehenden Beispielen gesehen haben, von der beanstandeten Handlung des Kindes weg zur Außenwelt zurück. Der Identifizierung mit dem Angreifer folgt mit Hilfe eines neuen Abwehrvorgangs der aktive Angriff auf die Außenwelt.

Ein nächstes kompliziertes Beispiel macht es dann vielleicht möglich, auch diesen nächsten Schritt des Abwehrvorgangs besser zu durchschauen. Ein Knabe bedient sich auf der Höhe seines Ödipuskomplexes der geschilderten Methode zur Bewältigung der Bindung an die Mutter. Seine gute Beziehung zur Mutter wird durch Ausbrüche von Unwillen gegen sie gestört. Er macht ihr heftige Vorwürfe aller Art, in denen unverständlicherweise ein stereotyper Vorwurf immer wiederkehrt: er beklagt sich ständig über ihre Neugier. Der erste Schritt in seiner Verarbeitung der verbotenen Gefühle ist deutlich. In seiner Phantasie weiß sie von seiner Werbung und weist sie böse ab. Ihr Bösesein wird in seinen bösen Stimmungen gegen sie in aktiver Weise dargestellt. Aber zum Unterschied von dem Patienten Jenny Wälders ist seine Anklage gegen sie nicht allgemein gehalten. Sein spezieller Vorwurf ist ihre Neugier. Seine Analyse zeigt dann, daß diese Neugier nicht ihrem, sondern seinem eigenen Triebleben angehört. In seiner Beziehung zur Mutter macht ihm unter allen Partialtrieben die Bewältigung seiner auf sie gerichteten Schaulust die größte Schwierigkeit. Der Austausch ist hier ein vollkommener. Er übernimmt das Bösesein der Mutter und schreibt ihr dafür seine Neugierde zu.

Eine jugendliche Patientin überhäuft ihre Analytikerin in bestimmten Widerstandsphasen mit den lebhaftesten Vorwürfen über Geheimnistuerei. Sie beklagt sich über ihre übergroße Zurückhaltung, plagt sie mit Fragen nach persönlichen Details und ist untröstlich, wenn die Antwort wieder ausbleibt. Die Vorwürfe verschwinden dann wieder, um nach einer Weile stereotyp und wie automatisch von neuem aufzutauchen. Der Vorgang läßt sich auch hier wieder im Verständnis in zwei Phasen teilen. Die Patientin hält selber von Zeit zu Zeit infolge einer bestimmten Mitteilungshemmung intimes Material bewußt geheim. Sie weiß, daß sie damit gegen die Grundregel der Analyse verstößt, und erwartet den Vorwurf der Analytikerin. Sie introjiziert den phantasierten Vorwurf und wendet ihn aktiv gegen die Person der Analytikerin zurück. Ihre Phasen der Aggression fallen zeitlich genau mit ihren Phasen von Geheimhaltung zusammen. Die spezielle Art ihres Vergehens erscheint dabei unentstellt in der speziellen Form ihrer Kritik. Das Vergehen der Geheimnistuerei, das dem Benehmen der Patientin angehört, wird als Vergehen der Analytikerin wahrgenommen.

Eine andere junge Patientin gerät periodisch in einen Zustand intensivster Aggression. Sie wendet ihren Unwillen ziemlich gleichmäßig gegen mich, gegen ihre Eltern und gegen Außenstehende. In ihren Anklagen kehren vor allem zwei Elemente immer wieder. Es entsteht in solchen Phasen in ihr das Gefühl, daß man etwas vor ihr verbirgt, daß alle außer ihr um irgendein Geheimnis wissen. Sie wird von dem Verlangen gequält, dieses Geheimnis zu erfahren. Gleichzeitig empfindet sie eine tiefe Enttäuschung über die innere Unvollkommenheit aller Menschen, die ihr nahestehen. Wie bei der Patientin des vorigen Beispiels die Zeiten der Geheimhaltung mit denen der Klagen über Geheimnistuerei zusammenfallen, so entsprechen die aggressiven Phasen dieser Patientin automatisch den Zeiten, zu denen ihre verdrängten, ihr selbst unbekannten Onaniephantasien zum Bewußtsein auftauchen wollen. Die Verurteilung der Liebesobjekte entspricht der Verurteilung, die sie von den ihr Nahestehenden für ihre Kinderonanie erwartet. Sie identifiziert sich voll mit diesem Urteil und wendet es gegen die Außenwelt zurück. Dafür ist das Geheimnis, das alle vor ihr verbergen, ihr eigenes Onaniegeheimnis, das sie vor den andern und sich selbst verbirgt. Ihre Aggression entspricht also wieder der Aggression der andern, das Geheimnis der Außenwelt ist eine Spiegelung der eigenen Verdrängung.

Die Verfolgung der drei letzten Beispiele läßt verstehen, wodurch die geschilderte Zwischenstufe in der Entwicklung der Über-Ich-Funktion zustande kommt. Strafandrohung und Vergehen sind auch nach der Introjektion der Kritik noch nicht im Innern des Individuums zusammengetroffen. In demselben Augenblick, in dem die Kritik nach innen verlegt wird, verschiebt sich das Vergehen in die Außenwelt. Das heißt aber: die Identifizierung mit dem Angreifer ergänzt sich durch ein anderes Abwehrmittel, durch die Projektion der Schuld.

Ein Ich, das mit Hilfe dieses Abwehrmechanismus diesen speziellen Entwicklungsweg durchmacht, introjiziert die kritisierenden Autoritäten als Über-Ich und ist imstande, seine verbotenen Regungen nach außen zu projizieren. Ein solches Ich ist intolerant gegen die Außenwelt, ehe es streng gegen sich selber wird. Es erlernt, was verurteilt werden soll, schützt sich aber mit Hilfe dieses Abwehrvorgangs gegen die Unlust der Selbstkritik. Das Wüten gegen den Schuldigen in der Außenwelt dient ihm als Vorläufer und Ersatz des Schuldgefühls. Es steigert sich automatisch, wo die Selbstwahrnehmung der eigenen Schuld sich steigern will. Diese Zwischenphase der Über-Ich-Entwicklung entspricht einer Art Vorstufe der Moral. Die wirkliche Moral beginnt, wenn die verinnerlichte Kritik als Über-Ich-Forderung auf dem Boden des Ichs mit der Wahrnehmung des eigenen Vergehens zusammentrifft. Die Strenge des Über-Ichs wendet sich von da an nach innen statt nach außen, die Intoleranz nach außen ermäßigt sich damit. Aber das Ich hat von diesem

Entwicklungsstadium an die größere Unlust zu ertragen, die Selbstkritik und Schuldgefühl in ihm erzeugen.

Es ist möglich, daß manche Individuen auf dieser Zwischenstufe der Über-Ich-Bildung stehenbleiben und die Verinnerlichung des Vorgangs nie ganz zustande bringen. Sie bleiben dann in der Selbstwahrnehmung der eigenen Schuld besonders aggressiv gegen die Außenwelt. Das Über-Ich benimmt sich in solchen Fällen gegen die Außenwelt ähnlich schonungslos wie das Über-Ich der Melancholie gegen das eigene Ich. Es könnte sein, daß solche Hemmungen der Über-Ich-Entwicklung auch einem verkümmerten Ansatz zur Ausbildung melancholischer Zustände entsprechen.

So wie die »Identifizierung mit dem Angreifer« einerseits einer Vorstufe der Über-Ich-Bildung entspricht, scheint sie anderseits eine Zwischenphase in der Entwicklung zu paranoiden Zuständen zu bilden. Die Verwendung der Identifizierung stellt die Gemeinsamkeit mit der einen, die Verwendung der Projektion die Gemeinsamkeit mit der andern Gruppe von Erscheinungen her. Anderseits sind Identifizierung und Projektion normale Formen der Ich-Tätigkeit, die je nach dem Material, auf das sie angewendet werden, zu den verschiedensten Endausgängen führen.

Die spezielle Kombination von Introjektion und Projektion, die wir hier als Identifizierung mit dem Angreifer bezeichnen, gehört nur so lange dem normalen Leben an, solange das Ich sich ihrer im Kampf mit den Autoritätspersonen, also in der Auseinandersetzung mit seinen Angstobjekten bedient. Der gleiche Abwehrvorgang verliert seine Harmlosigkeit und erhält pathologischen Charakter, wenn er in das Liebesleben übertragen wird. Auch der Ehemann, der seine eigenen Impulse zur Untreue auf seine Frau verschiebt und ihr dann über ihre Treulosigkeit leidenschaftliche Vorhaltungen macht, introjiziert ihre Vorwürfe und projiziert ein Element des eigenen Es[27]. Aber seine Absicht dabei ist nicht der Schutz gegen einen aggressiven Eingriff von außen her, sondern der Schutz gegen die Erschütterung einer positiven libidinösen Bindung an den Partner durch Störungen von innen. Dementsprechend ist auch der Ausgang

[27] Siehe: Über einige neurotische Mechanismen bei Eifersucht, Paranoia und Homosexualität. Freud, Ges. Schr., Bd. V, S. 388.

ein verschiedener. Statt der aggressiven Haltung gegen die ehemaligen Angreifer in der Außenwelt erwirbt sich ein solcher Patient eine zwanghafte Fixierung an den Liebespartner in der Form der projizierten Eifersucht.

Wo derselbe Projektionsmechanismus zur Abwehr homosexueller Liebesregungen verwendet wird, geht er noch weitere Kombinationen mit anderen Mechanismen ein. Die Verkehrung ins Gegenteil, in diesem Falle die Verkehrung von Liebe in Haß, vervollständigt dann die Leistung von Introjektion und Projektion und bringt den Aufbau paranoider Wahngebilde zustande. In diesen beiden letzten Fällen, der Abwehr heterosexueller und homosexueller Liebesregungen, benimmt sich das Ich auch nicht mehr willkürlich in seinen Projektionen. Es läßt sich in der Auswahl des Ansatzpunktes für die Unterbringung seiner eigenen unbewußten Regungen durch das Wahrnehmungsmaterial bestimmen, »welches die gleichartigen unbewußten Regungen des anderen Teiles verrät[28]«.

Außer für diese theoretischen Differenzierungen zwischen der Verwendungsweise der einzelnen Abwehrformen kann uns die Analyse der Identifizierung mit dem Angreifer auch für die Unterscheidung zwischen Angst- und Aggressionsausbrüchen in der analytischen Übertragung zu Hilfe kommen. Wo wir durch die analytische Arbeit im Patienten echte unbewußte aggressive Regungen ins Bewußtsein heben, verlangt der aufgestaute Affekt nach Ermäßigung durch Abreagieren in der Übertragung. Wo aber die auftauchende Aggression des Patienten einer solchen Identifizierung mit unserer vermeintlichen Kritik entspricht, bleibt sie durch »Ausleben« und »Abreagieren« völlig unberührt. Sie steigert sich, solange die Verpönung der unbewußten Regungen anhält, und verschwindet, wie bei dem geschilderten Knaben vor dem Onaniegeständnis, nur mit der Auflösung der Straf- und Über-Ich-Ängste.

[28] l. c. Bd. V, S. 388.

ZEHNTES KAPITEL

Eine Form von Altruismus

Soweit es darauf ankommt, die Vorstellungsrepräsentanz gefährlicher Triebregungen aus dem Zusammenhang des Ichs zu beseitigen, ist die Wirkungsweise des Projektionsmechanismus der Leistung der Verdrängung am ähnlichsten. Andere Abwehrvorgänge wie Verschiebung, Verkehrung ins Gegenteil, Wendung gegen die eigene Person beeinflussen den Triebvorgang selbst; Verdrängung und Projektion verhindern nur seine Wahrnehmung. Bei der Verdrängung wird die beanstandete Vorstellung ins Es zurückgewiesen, die Projektion verlegt sie statt dessen in die Außenwelt. Die Projektion gleicht auch darin der Verdrängung, daß sie nicht an eine spezielle Angstsituation gebunden ist, sondern durch Realangst, Über-Ich-Angst und Triebangst gleichmäßig ausgelöst werden kann. Die Autoren der englischen analytischen Schule stellen die Behauptung auf, daß schon in den ersten Lebensmonaten vor allen Verdrängungen Projektionen der ersten aggressiven Regungen vorgenommen werden und für die Ausgestaltung des kindlichen Weltbildes und der kindlichen Persönlichkeit entscheidende Bedeutung haben.

Dem Ich des kleinen Kindes in der ganzen ersten Infantilperiode ist der Gebrauch von Projektionen jedenfalls natürlich. Sie dienen ihm dazu, seine Handlungen und Wünsche, wenn sie gefährlich werden, von sich abzuweisen und in der Außenwelt einen neuen Urheber für sie zu suchen. Ein »fremdes Kind«, ein Tier, selbst unbelebte Gegenstände sind ihm zur Unterbringung der eigenen Vergehen gleichmäßig recht. Das kindliche Ich entledigt sich auf diese Art normalerweise ständig verpönter Regungen und Wünsche und gibt sie freigebig an die Umgebung ab. Wo diese Wünsche von außen her mit Strafandrohungen belegt sind, schiebt es die Ersatzpersonen, auf die es projiziert hat, zur Bestrafung vor, wo Schuldgefühle es zur Projektion veranlaßt haben, wendet es die Selbstkritik als Anklage nach außen. In beiden Fällen distanziert es sich vom neuen Täter und benimmt sich äußerst intolerant bei seiner Beurteilung.

Aber der Projektionsmechanismus verursacht nicht nur Störungen der menschlichen Beziehungen durch die Erzeugung von projizierter Eifersucht und die Hinausverlegung von Aggressionen. Er dient auch der Herstellung wichtiger positiver Bindungen und damit der Befestigung der menschlichen Beziehungen. Diese normale und unauffälligere Form von Projektionen könnte man als »altruistische Abtretung« eigener Triebregungen an andere Menschen bezeichnen[29].

Ich gebe im folgenden ein Beispiel eines solchen Sachverhalts.

Eine junge Erzieherin berichtet in ihrer Analyse, daß ihre Kinderjahre von zwei Vorstellungen erfüllt waren: sie wollte schöne Kleider und viele Kinder haben. Das Ausmalen der Erfüllung beider Wünsche beschäftigte sie fast zwanghaft in ihren Phantasien. Aber auch neben diesen beiden Hauptwünschen war sie von zahllosen anderen Verlangen erfüllt: sie wollte alles haben und mitmachen, was ihre viel älteren Spielgefährten besaßen und unternahmen, ja sogar alles besser machen und dafür bewundert werden. Ihr ewiges »Möcht auch!« war eine Plage für die erwachsene Umgebung. Dabei hatten die meisten ihrer Wünsche den Charakter der Dringlichkeit und Unersättlichkeit.

In der Erwachsenheit wirkt sie vor allem als bescheiden und anspruchslos. Sie ist zur Zeit der Analyse noch unverheiratet und kinderlos, in der Kleidung eher ärmlich und unauffällig. Sie zeigt wenig Neid und geringen Ehrgeiz und konkurriert mit andern nur, wenn äußere Notwendigkeiten sie dazu drängen. Der erste Eindruck ist, daß sie sich, wie es so häufig vorkommt, im vollen Gegensatz zu ihrer Kinderzeit entwickelt hat, daß ihre Wünsche Verdrängungen erlegen sind und sich im Bewußtsein durch Reaktionsbildungen ersetzen (etwa Gefallsucht durch Bescheidenheit, Ehrgeiz durch Anspruchslosigkeit). Als Ursache der Verdrängung würde man ein Sexualverbot zu finden erwarten, das sich von Exhibitionsgelüsten und Kindeswunsch aus über das übrige Triebleben verbreitet hat.

Aber nicht alles an ihrem aktuellen Verhalten fügt sich diesem Eindruck. Eine ausführlichere Darstellung ihres Lebens

[29] Nach einer Namengebung von Edward Bibring.

zeigt eine nach Verdrängungen kaum mögliche Bejahung ihrer alten Wünsche. Ihre eigene Sexualablehnung stört sie nicht darin, das Liebesleben ihrer Freundinnen und Berufskolleginnen mit positivem Interesse zu verfolgen. Sie hilft bei Eheschließungen und ist die Vertraute vieler Liebesabenteuer. Der Mangel an Intresse für ihre eigene Kleidung hindert sie nicht an aktiver Fürsorge für die Kleidung anderer. Der eigenen Kinderlosigkeit parallel läuft eine Zuwendung zu den Kindern anderer Menschen, die auch in der Berufswahl ihren Ausdruck findet. Man könnte sagen: sie hat ein gesteigertes Interesse daran, daß ihre Freundinnen schöne Kleider bekommen, gefallen und Kinder haben. In analoger Weise ist sie trotz eigener Zurückhaltung ehrgeizig für ihre männlichen Liebesobjekte, deren berufliche Laufbahn sie auch mit gesteigertem Interesse verfolgt. Man erhält den Eindruck, als wäre ihr eigenes Leben von Wünschen und Interessen entleert; es bleibt bis zur Zeit der Analyse fast ereignislos. Statt Aktivität auf die Erreichung eigener Ziele zu verwenden, gibt sie alle Energie in Teilnahme an dem Schicksal der ihr Nahestehenden aus. Sie lebt mit andern Menschen mit, statt selber etwas zu erleben.

Die Analyse ihrer infantilen Beziehungen zu Mutter und Vater gibt auch entscheidende Auskunft über die Umwandlung, die mit ihr vorgegangen ist. Ein früher Triebverzicht, der das Über-Ich mit besonderer Strenge ausstattet, macht ihr die Durchsetzung der eigenen Wunschregungen unmöglich. Der Peniswunsch mit seinen Ausläufern in männliche Ehrgeizphantasien und weibliche Kindeswünsche und der Wunsch, dem Vater nackt oder in schönen Kleidern zu gefallen, verfallen der Verpönung. Aber sie werden nicht verdrängt. Für jede einzelne dieser Regungen finden sich Ersatzpersonen in der Außenwelt, bei denen sie sich unterbringen lassen. Die Eitelkeit der Freundinnen wird zum Ansatzpunkt, auf den die eigene Eitelkeit sich projizieren läßt, libidinöse Wünsche und Ehrgeizphantasien finden auf dieselbe Weise Unterbringung in der Außenwelt. Sie projiziert also ihre verbotenen Triebregungen auf andere Menschen, nicht anders, als es bei den Beispielen des letzten Kapitels der Fall war. Der Unterschied liegt nur in der weiteren Verarbeitung. Sie identifiziert sich mit dem neuen Täter, anstatt sich von ihm zu distanzieren. Sie benimmt sich verständnisvoll seinen Wünschen gegenüber, fühlt sich ihm sogar außerordentlich nahe. Das Über-Ich, das die betreffende Triebregung im Zusammenhang des eigenen Ichs verurteilt, toleriert sie überraschenderweise in der Außenwelt. Ihr Triebgenuß besteht dadurch im Mitgenuß der Triebbefriedigung anderer, der ihr durch Projektion und Identifizierung ermöglicht wird[30]. Die Zurückhaltung, zu der das Triebverbot sie im eigenen Leben zwingt, wird aufgehoben, wo es sich darum handelt, am fremden Objekt die eigenen projizierten Wünsche zur Durchsetzung zu bringen. Die Abtretung ihrer eigenen Triebregungen an andere Personen hat danach egoistischen Sinn; aber die Bemühung um die Triebbefriedigung dieser andern ergibt ein Verhalten, das wir altruistisch nennen müssen.

Diese Kommunikation zwischen eigenem und fremdem Wunsch, die sich in ihrer ganzen Lebensführung ausdrückt, läßt sich in der Analyse kleiner Einzelvorfälle mit besonderer Deutlichkeit verfolgen. Als Dreizehnjährige zum Beispiel verliebt sie sich heimlich in einen Freund der älteren Schwester, die in alten Zeiten ihr besonderes Eifersuchtsobjekt war. Sie zweifelt, ob nicht auch er sie gelegentlich der Schwester vorzieht, und hofft ständig auf Liebesbeweise von seiner Seite. Bei einer solchen Gelegenheit wird sie, wie schon oft, zurückgesetzt. Der junge Mann kommt abends unerwartet, um die Schwester zu einem Ausgang abzuholen. Sie erinnert sich in der Analyse mit voller Deutlichkeit, wie ihre anfangs lähmende Enttäuschung in plötzliche Geschäftigkeit umschlägt. Sie beginnt herbeizuschaffen, was die Schwester zum Ausgang »schön« machen könnte, und schmückt sie voller Eifer. Dabei gerät sie in die glücklichste Stimmung und vergißt vollkommen, daß nicht sie, sondern die andere es ist, der das Vergnügen bevorsteht. Sie hat ihren eigenen Liebeswunsch und ihre Gefallsucht auf die Konkurrentin projiziert und genießt die Erfüllung in Identifizierung mit dem Neidobjekt.

Sie erlebt den gleichen Vorgang auch, wo es sich um Versagung und nicht um Erfüllung handelt. Sie gibt den Kin-

[30] Vgl. dazu Paul Federns Begriff der »teilnehmenden Identifizierung« und seine Ausführungen. Imago XXII, 1936, S. 33.

dern, die ihr anvertraut sind, gern zu essen. Bei einer solchen Gelegenheit weigert sich eine Mutter, irgendeinen besonderen Leckerbissen für das Kind zu opfern. Während sie selbst im allgemeinen große Gleichgültigkeit gegen Eßgenüsse zeigt, gerät sie über die Verweigerung in stürmische Empörung. Sie empfindet die Versagung des Wunsches für das fremde Objekt als eigene, so wie sie im andern Fall die Erfüllung am fremden Objekt als eigene empfunden hat. Was sie den andern abgetreten hat, ist offenbar das Recht auf eine ungestörte Wunscherfüllung.

Dieser letztgeschilderte Zug läßt sich an dem Erlebnis einer andern Patientin vom gleichen Typus noch deutlicher erkennen. Eine junge Frau, die in besonders guter Beziehung zum Schwiegervater steht, reagiert in sonderbarer Weise auf den Tod der Schwiegermutter. Sie hat zur Pflicht, mit andern Frauen der Familie den Kleidernachlaß der Vorstorbenen aufzuteilen. Zum Unterschied von allen andern weigert sie sich, auch nur ein einziges Kleidungsstück für ihren eigenen Gebrauch anzunehmen. Statt dessen bestimmt sie einen Mantel zum Geschenk für eine arme Kusine. Wie aber die Schwester der Verstorbenen vorher einen Pelzkragen vom Mantel abtrennen und zurückbehalten will, gerät sie, die bisher völlig affektlos und uninteressiert war, in einen Zustand namenloser Wut. Sie wendet ihre volle, sonst gehemmte Aggression gegen die Tante und setzt am Ende durch, daß ihr Schützling bekommt, was sie ihm zugedacht hat. Die Analyse des Vorfalls zeigt, daß sie durch Schuldgefühle gehindert ist, etwas aus dem Besitz der Schwiegermutter anzunehmen. Das Kleidungsstück bedeutet für sie die symbolische Erfüllung des Wunsches, beim Schwiegervater ihre Stelle einzunehmen. Sie verzichtet darum für ihre eigene Person und tritt den Wunsch, die »Mutter« zu beerben, an die Kusine ab. Dort aber fühlt sie Verlangen und Enttäuschung in voller Stärke und ist imstande, sich für die Erfüllung einzusetzen, was ihr in ihrem eigenen Leben nie gelingt. Das Über-Ich, das sich der eigenen Triebregung gegenüber unerbittlich zeigt, ist mit dem Triebwunsch einverstanden, wenn er von dem eigenen Ich entfernt wird. Das sonst hemmte aggressive Verhalten ist bei der Durchsetzung fremden Wunsches plötzlich ichgerecht.

Die beiden hier angeführten Beispiele lassen sich aus der alltäglichen Beobachtung beliebig ergänzen, wenn man einmal auf diesen aus Projektion und Identifizierung kombinierten Abwehrvorgang aufmerksam geworden ist. Ein junges Mädchen, das beim Entschluß zur eigenen Heirat durch Gewissensskrupel gestört ist, betreibt statt dessen die Eheschließung der Schwester aufs energischste. Eine Patientin, die bei Geldausgaben für ihre eigene Person zwangsneurotisch gehemmt ist, kann plötzlich freigebig werden, wenn sie nur Geschenke einkauft. Eine Patientin, die durch Angst an der Ausführung ihrer Reisepläne verhindert ist, rät mit unerwarteter Wärme Freundinnen zum Reisen zu. Die Identifizierung mit Schwester, Freundin und Beschenkten verrät sich jedesmal durch ein plötzlich auftretendes warmes Zusammengehörigkeitsgefühl, das anhält, während der eigene Wunsch an der Ersatzperson verwirklicht wird. Der Volksmund belustigt sich seit jeher über »alte Jungfern, die Ehen stiften« und über »Kiebitze, denen kein Spiel zu hoch ist«. Die Abtretung der Wunschregung an einen andern und die Überwachung der Wunscherfüllung am Ersatzobjekt gleichen tatsächlich dem interessierten und genußreichen Zuschauen bei einem Spiel, bei dem man selber keinen Einsatz wagen kann.

Aber die Leistung dieses Abwehrvorgangs ist eine doppelte. Er sichert nicht nur, wo er auftritt, das Wohlwollen des Individuums für die Triebbefriedigung des Nebenmenschen und gestattet dadurch indirekten Triebgenuß trotz Über-Ich-Verbots; er befreit gleichzeitig die gehemmte Aktivität und Aggression, die der Sicherung der ursprünglichen Wünsche dienen sollten. Die Patientin, die nichts dazu kann, um sich selbst orale Genüsse zu verschaffen, darf sich gegen die Mutter empören, die einem fremden Kind orale Verzichte auferlegt. Wo es verboten ist, sich selbst die Rechte der verstorbenen Hausfrau zu erwerben, darf das symbolische Recht einer andern mit voller Aggression verteidigt werden. Eine Angestellte, die nie wagen würde, für sich selbst Gehaltserhöhung zu verlangen, bestürmt plötzlich die Chefin, um die Rechte einer Kollegin durchzusetzen. Die Analyse solcher Situationen verrät die Herkunft des Abwehrvorgangs aus dem infantilen Kampf mit einer elterlichen Autorität um irgendeine Form der Triebbefriedigung. Die Aggression gegen die Mutter, die verpönt ist, solange es sich um den eigenen Triebwunsch handelt, setzt sich durch, wenn es um die Befriedigung scheinbar fremder Wünsche geht. Der bekannteste Vertreter dieses Typus ist der öffentliche Wohltäter, der einer Gruppe von Menschen mit voller Aggression und Aktivität Geld abfordert, um eine andere Gruppe damit zu beschenken; das Extrem vielleicht ist der Attentäter, der im Namen der Unterdrückten an einem Unterdrücker einen Mord verübt. Das Objekt, gegen das die befreite Aggression sich richtet, bleibt immer der Vertreter jener Autorität, die in der infantilen Zeit den Triebverzicht erzwungen hat.

Das Objekt, an das die eigene Triebregung abgetreten wird, kann nach verschiedenen Gesichtspunkten ausgewählt werden. Es ist möglich, daß die Wahrnehmung der verpönten Triebregung in der Außenwelt dem Ich als Anhaltspunkt für Projektion genügt. Im Falle des Erbes der Schwiegermutter ist es die Entfernung aus dem engen Familienzusammenhang, die an der Ersatzperson zum harmlosen Wunsch stempelt, was dem Individuum selbst Vertretung des Inzestwunsches bedeutet. In den meisten Fällen ist die Ersatzperson ein altes Neidobjekt. Die altruistische Erzieherin des ersten Beispiels verlegt ihre Ehrgeizphantasien auf ihre Freunde, die libidinösen Wünsche auf ihre Freundinnen. Die Freunde sind in ihrer Zuneigung die Nachfolger des Vaters und eines großen Bruders, an denen ihr Penisneid sich abgespielt hat; die Freundinnen sind die Vertreter einer Schwester, auf die in etwas späterer Kindheit der Penisneid in Form von Neid auf ihre Schönheit verschoben worden war. Sie fühlt sich selbst in der Durchsetzung ihrer Ehrgeizpläne dadurch gestört, daß sie ein Mädchen ist; als Mädchen aber fühlt sie sich nicht hübsch genug, um Männern wirklich zu gefallen. In der Enttäuschung an sich selbst verlegt sie darum ihre Wünsche auf geeignetere Objekte. Die Männer sollen in der Berufswelt für sie erreichen, was sie selber nicht erreichen kann, die schöneren Mädchen sollen das gleiche in der Liebe für sie tun. Die altruistische Abtretung wird hier zur Methode, mit der sich ihre narzißtische Kränkung überwinden läßt.

Eine solche Abtretung des Triebwunsches an ein zur

Wunscherfüllung geeigneteres Objekt bestimmt häufig überhaupt das Verhältnis eines Mädchens zum Mann, den sie damit zum Nachteil jeder wirklichen Objektbeziehung – zum Vertreter ihrer eigenen Person erwählt. Sie verlangt auf Grund einer solchen »altruistischen« Bindung an ihn, daß er in seinem Leben die Pläne erfüllt, an deren Erreichung sie sich durch ihre Weiblichkeit gehindert fühlt, daß er etwa an ihrer Statt studiert, einen bestimmten Beruf wählt, berühmt oder reich wird usw. Hier treten Egoismus und Altruismus zu den verschiedensten Mischungen zusammen. Aus dem Verhältnis zwischen Eltern und Kindern ist eine solche altruistisch-egoistische Abtretung eigener Lebenspläne an das Kind bekannt. Die Eltern wollen etwa mit Hilfe des Kindes als dem geeigneteren Objekt gewaltsam die Ehrgeizwünsche durchsetzen, die sie am eigenen Leben nicht verwirklichen konnten. Vielleicht ist auch das so rein altruistische Verhältnis der Mutter zum Sohn durch solche Abtretung ihrer Wünsche an das durch seine Männlichkeit »geeignete« Objekt weitgehend mitbestimmt. Tatsächlich entschädigt der Erfolg im Leben eines Mannes die ihm zugehörigen Frauen weitgehend für Verzicht auf eigene Ehrgeizwünsche.

Das schönste und ausführlichste Beispiel einer solchen altruistischen Abtretung an das geeignetere Objekt findet sich in dem Schauspiel »Cyrano de Bergerac« von Edmond Rostand. Der Held des Stückes ist eine historische Figur, ein französischer Edelmann, Dichter und Gardeoffizier des 17. Jahrhunderts, der durch seinen Verstand und seine Tapferkeit bekannt, aber durch eine besonders häßliche Nase zur Frauenliebe ungeeignet ist. Er verliebt sich in seine schöne Kusine Roxane, verzichtet aber im Bewußtsein seiner Häßlichkeit sofort auf jede Aussicht auf ihre Gegenliebe. Statt sich mit seiner gefürchteten Fechtkunst aller Nebenbuhler zu erwehren, tritt er seine eigenen Liebesansprüche an einen schöneren Mann ab. Von diesem Verzicht angefangen, stellt er seine Kraft, seinen Mut und seinen Geist in den Dienst dieses Glücklicheren und macht alle Anstrengungen, um ihm zur Erreichung seiner Wünsche zu verhelfen. Höhepunkt des Stückes ist eine nächtliche Szene unter dem Balkon der von beiden Männern geliebten Frau.

Cyrano flüstert dem Rivalen die Worte zu, die ihm Erfolg verschaffen sollen, tritt dann selber als Redner im Dunkel an seine Stelle, vergißt im Feuer der Werbung, daß er nicht selbst der Werbende ist, und vollzieht die Rückverwandlung zur Resignation erst im letzten Augenblick, in dem der schöne Christian erhört wird und zur Umarmung den Balkon hinaufsteigt. Er nimmt den Rivalen immer mehr zum Freund an und beschützt im Krieg sein Leben statt des eigenen. Wie sein Ersatzobjekt ihm durch den Tod genommen wird, gibt er auch die Werbung um Roxane als verboten auf. – Daß der Dichter in dem »Altruismus« Cyranos mehr schildern will als ein sonderbares Liebesabenteuer, zeigt eine Parallele, die er zwischen dem Liebesleben Cyranos und seinen Schicksalen als Dichter herstellt. So wie Christian mit Cyranos Gedichten und Briefen Roxanes Liebe erwirbt, so bedienen sich Dichter wie Corneille, Molière und Swift ganzer Szenen aus Cyranos unbekannten Werken und erhöhen damit ihre eigene Berühmtheit. Der Cyrano des Schauspiels akzeptiert dieses Schicksal. Er leiht dem schöneren Christian seine Worte so bereitwillig wie dem genialen Molière. Der Defekt, den er an der eigenen Person mißachtet, läßt ihm die bevorzugten anderen als geeignetere Objekte zur Verwirklichung der eigenen Wunschphantasien erscheinen.

Eine kleine Beobachtung am Phänomen der Todesangst ermöglicht schließlich noch von anderer Seite her den Zugang zum Begriff der altruistischen Abtretung. Wo immer die Projektion von Triebregungen auf andere in größerem Umfange stattfindet, dort fehlt dem betreffenden Individuum das Erlebnis von Todesangst. Ein solches Ich spürt auch im Augenblick der Gefahr keine wirkliche Besorgnis für das eigene Leben. Es kennt aber statt dessen eine gesteigerte Besorgnis und Angst um das Leben seiner Liebesobjekte. Die Beobachtung zeigt, daß diese Objekte, deren Sicherheit so lebenswichtig ist, dieselben Ersatzpersonen sind, auf die die Triebwünsche verschoben wurden. Die geschilderte junge Erzieherin zum Beispiel zittert in übertriebener Angst um das Leben ihrer Freundinnen bei Geburten und Schwangerschaften; Cyrano stellt, wie die obige Schilderung zeigt, Christians Sicherheit im Krieg weit über seine eigene. Es wäre falsch, zu vermuten, daß es die verdrängte Rivalität ist, die hier doch wieder in abgewehrten Todeswünschen durchbricht. Es scheint auf Grund der Analyse solcher Angst und Angstfreiheit eher so, daß das eigene Leben nur so weit als wertvoll und erhaltenswert gilt, als Möglichkeit zur Triebbefriedigung darin enthalten ist. Wo die Triebregung an fremde Objekte abgetreten ist, wird statt des eigenen Lebens das fremde Leben wertvoll. Die Vernichtung des Ersatzobjekts wäre – wie bei dem Tod Christians für Cyrano – mit der Vernichtung aller Hoffnung auf Erfüllungsmöglichkeiten gleichbedeutend.

Die junge Erzieherin spürt zum erstenmal nach ihrer Analyse anläßlich einer Erkrankung, daß der Gedanke an das Sterben ihr etwas Unlustvolles bedeutet. Sie wünscht sich zum eigenen Erstaunen dringend, doch noch so lange zu leben, bis sie ihre neue Wohnung eingerichtet und eine Prüfung abgelegt hat, die ihr berufliche Anerkennung sichern soll. Wohnung und Prüfung bedeuten, wenn auch in sublimierter Form, die Erfüllungen von Triebwünschen, zu deren Rückversetzung ins eigene Leben die Analyse sie befähigt hat[31].

[31] Die Ähnlichkeit der Verhältnisse bei der altruistischen Abtretung mit den uns bekannten Entstehungsbedingungen der männlichen Homosexualität ist deutlich. Auch der Homosexuelle überträgt seinen Anspruch darauf, von der Mutter geliebt zu werden, auf einen jüngeren Bruder, der vorher sein Neidobjekt war. Allerdings befriedigt er diesen Anspruch dann selber durch Übernahme der mütterlichen Haltung, genießt also das Mutter-Sohn-Verhältnis aktiv und passiv. Es ist schwer zu entscheiden, wieweit dieser Vorgang an den geschilderten Situationen altruistischer Abtretung mitbeteiligt ist. Der Lustgewinn Cyranos und der altruistischen Lehrerin beginnt sicher nicht erst beim Mitgenuß an den Erfolgen der Ersatzpersonen. Der Rausch des Schenkens und Helfens, in den sie geraten, verrät die Abtretung selbst als befriedigenden Triebvorgang. Ähnlich wie bei der Identifizierung mit dem Angreifer erheben sie sich damit aus der Passivität in die Aktivität; die narzißtische Kränkung wird auch durch die Betonung der eigenen Machtfülle als Gönner, die passiv erlebte Versagung durch die aktive Beglückung des andern wieder wettgemacht.

Die Frage bleibt offen, ob es auch eine wirklich altruistische Beziehung zum Nebenmenschen gibt, bei der der eigene Triebgenuß auch in verschobener und sublimierter Form keine Rolle mehr spielt. Sicher ist, daß Projektion und Identifizierung nicht der einzige Weg zum scheinbar altruistischen Verhalten sind; ein anderer, leicht zu verfolgender Weg zum selben Ziel kann zum Beispiel über die verschiedenen Formen des Masochismus führen.

D. ABWEHR AUS ANGST VOR DER TRIEBSTÄRKE

(DARGESTELLT AM BEISPIEL DER PUBERTÄT)

ELFTES KAPITEL

Ich und Es in der Pubertät

Von allen Perioden des menschlichen Lebens, in denen die Bedeutung des Trieblebens unverkennbar in den Vordergrund tritt, hat die Pubertät seit jeher die meiste Aufmerksamkeit auf sich gezogen. Die psychischen Erscheinungen, die das Eintreten der Geschlechtsreife begleiten, beschäftigen die Psychologie seit langem. Wir finden in der außeranalytischen Literatur immer wieder eindrucksvolle Schilderungen der Charakterveränderungen, die in diesen Jahren vor sich gehen, der Störungen im psychischen Gleichgewicht, vor allem der unverständlichen und nicht zu vereinbarenden Gegensätze im Seelenleben des einzelnen. Der Jugendliche ist gleichzeitig im stärksten Maße egoistisch, betrachtet sich selbst als den Mittelpunkt der Welt, auf den das ganze eigene Interesse konzentriert ist, und ist doch wie nie mehr im späteren Leben opferfähig und zur Hingabe bereit. Er formt die leidenschaftlichsten Liebesbeziehungen, bricht sie aber ebenso unvermittelt ab, wie er sie begonnen hat. Er wechselt zwischen begeistertem Anschluß an die Gemeinschaft und unüberwindlichem Hang nach Einsamkeit; zwischen blinder Unterwerfung unter einen selbstgewählten Führer und trotziger Auflehnung gegen alle und jede Autorität. Er ist eigennützig und materiell gesinnt, dabei gleichzeitig von hohem Idealismus erfüllt. Er ist asketisch, mit plötzlichen Durchbrüchen in primitivste Triebbefriedigungen. Er benimmt sich zuzeiten grob und rücksichtslos gegen seine Nächsten und ist dabei selbst für Kränkungen aufs äußerste empfindlich. Seine Stimmung schwankt von leichtsinnigstem Optimismus zum tiefsten Weltschmerz, seine Einstellung zur Arbeit zwischen unermüdlichem Enthusiasmus und dumpfer Trägheit und Interesselosigkeit.

Wir finden in der offiziellen Psychologie zwei Erklärungsversuche dieser Erscheinungen, die sehr weit auseinandergehen. Der einen Theorie nach ist dieser Sturm im Seelenleben die direkte, wahrscheinlich im Chemismus begründete Folge der neu aufgenommenen Tätigkeit der Geschlechtsdrüsen, also nur die psychische Begleiterscheinung physiologischer Vorgänge. Die andere Theorie lehnt eine solche Verbindung zwischen Physischem und Psychischem ab. Die geschilderten psychischen Umsturzerscheinungen seien eben das Zeichen der beginnenden seelischen Erwachsenheit, so wie die gleichzeitigen körperlichen Veränderungen das Zeichen der körperlichen Geschlechtsreife sind. Daß psychische und physische Vorgänge gleichzeitig in Erscheinung treten, beweise noch nicht, daß die einen auch die Ursache der andern seien. Diese Theorie beansprucht also für die Tatsachen der seelischen Entwicklung die volle Unabhängigkeit von den Drüsen- und Triebvorgängen. Nur über einen Punkt sind beide Richtungen der Psychologie sich einig: daß sowohl den körperlichen wie den seelischen Pubertätserscheinungen die höchste Bedeutung für die Entwicklung des Individuums zukäme, daß hier der Anfang und die Wurzel des Geschlechtslebens, der Liebesfähigkeit und des Charakters zu finden sei.

Die Psychoanalyse dagegen ist von den psychologischen Problemen des Pubertätsalters bisher merkwürdig wenig angezogen worden, obwohl sie sonst Widersprüche im Psychischen sehr oft zum Ausgangspunkt ihrer Erklärungsversuche genommen hat. Sie hat das Studium der Pubertät bis auf wenige grundlegende Arbeiten[32] eher vernachlässigt und gegen die Untersuchung anderer Entwicklungsperioden zurückgesetzt. Das kommt offenbar daher, daß die Psychoanalyse die oben geschilderte Einschätzung der Pubertät als Anfang des menschlichen Geschlechtslebens nicht teilt. Der analytischen Lehre nach ist der Ansatz des menschlichen Sexuallebens zweizeitig. Der erste Beginn fällt in das erste Lebensjahr. In der frühinfantilen Sexualperiode, nicht in der Pubertät, werden die entscheidenden Entwicklungsschritte gemacht, die wichtigen prägenitalen Sexualorganisationen durchlaufen, die verschiedenen Partialtriebe ausgebildet und betätigt, die Entscheidungen über Normalität und Abnormität, Liebesfähigkeit oder -unfähigkeit des Individuums gefällt. Das Studium dieser frühen Periode muß also auch die

[32] Freud: Drei Abhandlungen zur Sexualtheorie. – Ernest Jones: Einige Probleme des jugendlichen Alters, Imago, IX, 1923, S. 145 ff. – S. Bernfeld: Über eine typische Form der männlichen Pubertät, ibid., S. 169 ff.

Aufklärungen über Ursprung und Entwicklung des Sexuellen bringen, die die Schulpsychologie sich von der Pubertätsforschung erwartet. Die Pubertät ist dann nur eine unter den anderen Entwicklungsphasen des menschlichen Lebens. Sie ist die zeitlich nächste Wiederholung der infantilen Sexualperiode; eine zeitlich entferntere findet sich im späteren Leben im Klimakterium. Jede dieser Sexualperioden ist die Wiederauffrischung und Wiederbelebung der vorangegangenen. Daneben bringt jede natürlich auch ihre eigene Zutat zum menschlichen Geschlechtsleben. Die Pubertät rückt durch das Eintreten der körperlichen Geschlechtsreife die Genitalität in den Vordergrund und verschafft den genitalen Strebungen die Oberherrschaft über die prägenitalen Partialtriebe. Das Klimakterium bringt, der körperlichen Rückbildung der Geschlechtsfunktionen entsprechend, die genitalen Regungen zu einem letzten Aufflackern und setzt prägenitale Regungen wieder in alte Rechte ein.

Die psychoanalytische Literatur beschäftigt sich bisher vor allem mit den Ähnlichkeiten zwischen diesen drei Perioden stürmischer Sexualität im menschlichen Leben. Diese Ähnlichkeiten sind am deutlichsten bei den quantitativen Kräfteverhältnissen zwischen Ich und Trieb. In der ersten infantilen Periode, in der Pubertät und im Klimakterium steht jedesmal ein relativ starkes Es einem relativ schwachen Ich gegenüber. Es sind also Perioden von Es-Stärke und Ich-Schwäche. Darüber hinaus gibt es auch noch große qualitative Ähnlichkeiten, soweit es den einen Faktor aus diesem Kräfteverhältnis zwischen Ich und Es betrifft. Das Es des Menschen bleibt sich weitgehend zu allen Zeiten gleich. Die Triebregungen sind zwar verwandlungsfähig, wo sie an das Ich und an die Außenweltsforderungen stoßen. Aber im Bereich des Es selbst ändert sich, abgesehen von dem Fortschritt der Triebziele vom prägenitalen zum genitalen, wenig oder nichts. Die Sexualwünsche, die bei Libidoverstärkung immer wieder bereit sind, aus der Verdrängung aufzutauchen, und die zu ihnen gehörigen Objektbesetzungen und Phantasien sind in der Kindheit, in der Pubertät, in der Erwachsenheit und im Klimakterium mit geringen Wandlungen immer wieder dieselben. Die Ähnlichkeiten zwischen den drei Perioden von Libidosteigerung im menschlichen Leben erklären sich also qualitativ durch die verhältnismäßige Unwandelbarkeit des Es.

Die Unterschiede zwischen ihnen, mit denen die psychoanalytische Literatur sich bisher weniger beschäftigt hat, sind dann auf den zweiten Partner im Verhältnis Es und Ich zurückzuführen: auf die große Verwandlungsfähigkeit des menschlichen Ichs. So sehr das Es sich gleichbleibt, so sehr verändert sich das Ich. Nehmen wir das Ich der frühen Kindheit und das der Pubertät als Beispiel: es hat ein anderes Ausmaß, andere Inhalte, andere Kenntnisse und Fähigkeiten, andere Abhängigkeiten und Ängste. Es benutzt infolgedessen auch andere Abwehrmittel in seinem Kampf gegen den Trieb. Es ist zu erwarten, daß eine eingehendere Untersuchung dieser Verschiedenheiten zwischen erster Kindheit und Pubertät uns ebenso viele Aufklärungen über die Ich-Bildung bringen wird, wie das Studium der Parallelen zwischen diesen Perioden für das Triebleben bereits gebracht hat.

Wie bei der Untersuchung der Triebvorgänge ist auch beim Studium des Ichs die spätere Entwicklung nur auf Grund der früheren zu verstehen. Wir müssen die Ich-Situation der ersten Kindheit erfassen, ehe wir die Ich-Störungen der Pubertät erklären können. Der Kampf zwischen Ich und Es beim kleinen Kind hat seine eigenen Bedingungen. Die Ansprüche auf Befriedigung, die von den Wünschen der oralen, analen und phallischen Phase ausgehen, die Affekte und Phantasien, die mit dem Ödipuskomplex und Kastrationskomplex zusammenhängen, sind außerordentlich lebhaft; das Ich, das ihnen gegenübersteht, ist eben erst in Bildung begriffen, also noch schwach und unentwickelt. Trotzdem ist das kleine Kind weder ein uneingeschränktes Triebwesen, noch kommt es unter normalen Verhältnissen dazu, den Druck der Triebängste zu spüren, die sich in ihm abspielen. Das schwache Ich des Kindes hat an der Außenwelt, also an den erziehenden Einflüssen, denen es unterworfen ist, einen starken Bundesgenossen gegen sein Triebleben. Es kommt gar nicht in die Lage, seine eigenen geringen Kräfte an den sehr viel stärkeren Triebregungen zu messen, denen es alleine sicher unterliegen müßte. Man läßt ihm kaum Zeit, seine eigenen Wünsche kennenzulernen und seine eigene Stärke oder Schwäche dem Trieb gegenüber zu spüren. Die Außenwelt schreibt ihm durch Versprechungen und Drohungen, also durch Liebesprämien und Strafen, sein Verhalten gegen das Es einfach vor.

Das kleine Kind ist unter dem Einfluß der Außenwelt im Verlaufe einiger Jahre sehr gut fähig, sein Triebleben zu bändigen; was von dieser Leistung seinem Ich und wieviel dem direkten Druck der Außenwelt zuzuschreiben ist, bleibt allerdings unentschieden. Soweit das Ich des Kindes sich in dieser Kampfsituation auf die Seite der Außenweltseinflüsse stellt, nennt man das Kind »brav«. Man nennt es »schlimm«, wenn sein Ich die Partei des Es ergreift und sich gegen die Einschränkung der Triebbefriedigung durch die Erziehung wehrt. Die Wissenschaft, die sich zur Aufgabe gemacht hat, dieses Schwanken des kindlichen Ichs zwischen Es und Außenwelt im einzelnen zu verfolgen, ist die Pädagogik. Sie sucht nach Mitteln, wie sich das Bündnis zwischen Erziehung und Ich immer enger gestalten und der gemeinsame Kampf um die Triebbeherrschung immer wirksamer durchführen läßt.

Die Situation des Kleinkindes enthält aber auch schon einen innerpsychischen Konflikt, der über die Reichweite der Erziehung hinausgeht. Die Außenwelt schafft sich sehr bald einen Vertreter im Innern des Kindes: die Realangst. Ihr Auftreten ist noch kein Beweis von Bildung einer höheren Instanz im Ich selbst, also von Gewissen oder Über-Ich, aber doch der erste Vorläufer derselben. Sie bedeutet die Antizipation der Schädigungen, die die Außenwelt dem Kind strafweise zufügen könnte, eine Art Vor-Unlust also, die das Verhalten des Ichs regiert, gleichgültig, ob die erwarteten Strafen jedesmal eintreffen oder nicht. Die Realangst ist einerseits um so größer, je gefährlicher und drohender sich die Umwelt des Kindes benimmt. Anderseits wissen wir, daß die Realangst sich durch Rückwendung von Triebvorgängen verstärkt, sich reichlich mit phantastischen Ängsten verbindet und Veränderungen der äußeren Realität ignoriert, so daß sich ihr Zusammenhang mit der Wirklichkeit immer mehr lockert. Zwischen der Größe der Triebansprüche und der Stärke dieser Realangst spielt sich jedenfalls der innere Konflikt des Kleinkindes ab, als dessen Lösungsversuche die Symptome der infantilen Neurosen auftauchen.

Die Verfolgung und Beschreibung dieser inneren Kämpfe ist wissenschaftlich ein umstrittenes Gebiet, von dem manche behaupten, daß es noch der Pädagogik, von dem wir wissen, daß es schon der Neurosenlehre angehört.

Die Ich-Situation des Kleinkindes hat auch noch etwas Charakteristisches an sich, das sich im späteren Leben nie mehr wiederholen wird. In jeder späteren Abwehrsituation sind beide Kampfpartner gegeben; der Trieb trifft auf ein mehr oder weniger starres Ich, mit dem er sich auseinandersetzt. Diejenige Seite des Ichs, der für das ganze weitere Leben die Aufgabe der Triebbewältigung zufallen wird, entsteht in diesen ersten Zeiten unter dem Drängen der Triebansprüche vom Es her bei gleichzeitigem Druck der Realangst, die von außen stammt. Man könnte sagen: das Ich wird nach Maß gemacht[33], um diesen beiden Mächten, Triebdrang und Außenweltsdruck, die Waage zu halten. Wir betrachten die erste infantile Periode als abgeschlossen, wenn diese Seite der Ich-Bildung in ein bestimmtes Stadium getreten ist. Das Ich hat seine Kampfgewohnheiten dem Es gegenüber ausgebildet. Es hat ein bestimmtes Größenverhältnis zwischen Triebgenuß und Triebverzicht festgelegt, an das es sich bei der Erledigung von Einzelkonflikten halten kann. Es hat sich an gewisse Normen im Aufschub von Befriedigung gewöhnt. Es bevorzugt die Abwehrmethoden, die im Zeichen der Realangst stehen. Man könnte sagen: zwischen seinem Ich und seinem Es haben sich bestimmte Umgangsformen eingebürgert, an die beide sich von jetzt an halten werden.

Diese Verhältnisse ändern sich dann im Verlauf weniger Jahre. Die Latenzperiode mit dem physiologisch bedingten Absinken der Triebstärke bringt dem Ich eine Ruhepause im Abwehrkampf. Es gewinnt Zeit, sich um andere Aufgaben zu kümmern, es erweitert seinen Bestand an Inhalten, Kenntnissen und Fähigkeiten. Es erstarkt damit auch der Außenwelt gegenüber, steht ihr weniger hilflos und unterworfen gegenüber, sie erscheint ihm nicht mehr ganz so allmächtig wie vorher. Seine Einstellung zu den äußeren Objekten ändert sich überhaupt allmählich mit der Über-

[33] Man könnte die Bemühungen der extrem modernen Pädagogik dahin verstehen, auch die Außenwelt für das Kind »nach Maß« zu machen.

windung der Ödipussituation. Die ausschließliche Abhängigkeit von den Eltern wird gelockert, und damit tritt die Identifizierung als Nachfolgerin der Objektliebe immer mehr in ihre Rechte. Was die Eltern und Erzieherpersonen dem Kind vor allem entgegengehalten haben, ihre Wünsche, Forderungen und Ideale, wird in steigendem Maße introjiziert. Die Außenwelt macht sich jetzt im inneren Leben des Kindes nicht mehr nur durch das Auftreten von Realängsten bemerkbar. Das Kind hat als Vertreter der Umweltforderungen in seinem Ich eine ständige Instanz errichtet, die wir das Über-Ich nennen. Gleichzeitig mit dieser Entwicklung vollzieht sich auch ein Wandel in der kindlichen Angst. Die Angst vor der Außenwelt wird unwichtiger, sie ersetzt sich immer mehr durch die Angst vor dem neuen Repräsentanten der alten Macht: durch Angst vor dem Über-Ich, vor dem Gewissen, durch das Schuldgefühl. Das heißt aber: das Ich der Latenzperiode hat einen neuen Verbündeten in seinem Kampf um die Beherrschung der Triebvorgänge. Die Gewissensangst wird zum Motor der Triebabwehr in der Latenzperiode, wie es die Realangst in der frühkindlichen Zeit gewesen ist. Wieder ist es schwer zu entscheiden, welcher Anteil an der zustandekommenden Triebbeherrschung in dieser Zeit dem Ich selbst zufällt und was davon der Stärke und Wirksamkeit des Über-Ichs zuzuschreiben ist.

Aber auch diese Ruhepause der Latenzperiode dauert nicht lange. Der Kampf zwischen den beiden Gegenspielern Ich und Es hat noch kaum zu dem oben geschilderten vorläufigen Abschluß geführt, und schon werden durch Verstärkung des einen Kampfpartners die Grundlagen des Übereinkommens gründlich verändert. Der physiologische Vorgang der körperlichen Geschlechtsreifung bringt eine Belebung der Triebvorgänge mit sich, die sich als Libidovorstoß ins Psychische hinein fortsetzt. Damit ist aber das festgelegte Kräfteverhältnis zwischen Ich und Es umgestoßen, das mühsam erreichte psychische Gleichgewicht zerstört, und die inneren Konflikte zwischen den beiden Instanzen müssen von neuem entbrennen.

Dabei ist das, was auf der Seite des Es vor sich geht, im Anfang noch recht wenig. In der Periode zwischen Latenz und Pubertät, der sogenannten Vorpubertät, wird die körperliche Geschlechtsreife erst vorbereitet. Qualitativ ändert sich im Triebleben noch gar nichts, nur die Quantität der Triebregungen wird gesteigert. Diese Steigerung beschränkt sich auch nicht auf das Geschlechtsleben. Es ist mehr Libido zur Verfügung und besetzt ohne Unterschied, was von Es-Regungen vorhanden ist. Aggressive Regungen steigern sich dadurch zu zügelloser Wildheit, Hunger zu Gefräßigkeit, die Schlimmheit der Latenzperiode zur Kriminalität des Jugendlichen. Längst untergegangene orale und anale Interessen tauchen wieder auf der Oberfläche auf. Hinter der mühsam erworbenen Reinlichkeit der Latenzzeit kommen Schmutzlust und Unordentlichkeit zum Vorschein, an Stelle von Scham und Mitleid erscheinen Exhibitionsgelüste, Grausamkeit und Tierquälerei. Die Reaktionsbildungen, die uns schon als gesicherter Bestandteil des Ichs erschienen sind, drohen also, wieder zu zerfallen. Gleichzeitig kommen alte, untergegangene Tendenzen ins Bewußtsein. Die Ödipuswünsche erfüllen sich in Gestalt von wenig entstellten Phantasien und Tagträumen, die Kastrationsvorstellungen bei den Knaben, der Penisneid bei den Mädchen stehen von neuem im Mittelpunkt des Interesses. Dabei hat dieser ganze Ansturm wenig fremde Elemente in sich. Er bringt nur noch einmal an die Oberwelt, was wir als Inhalt der frühinfantilen Sexualität des kleinen Kindes bereits kennengelernt haben.

Aber diese neuerstandene infantile Sexualität trifft nicht mehr die alten Bedingungen. Wenn das Ich der frühinfantilen Periode unentwickelt und unentschieden, also nachgiebig für Druck und Formung vom Es her war, so ist das Ich der Vorpubertät starr und konsolidiert. Es weiß bereits selbst, was es will: Wenn das kindliche Ich in plötzlicher Revolution gegen die Außenwelt sich zur Durchsetzung der Triebbefriedigung auf Seite des Es schlagen konnte, so gelingt dem Ich des Jugendlichen das gleiche nur auf Kosten innerer Konflikte mit dem Über-Ich. Sein festgelegtes Verhältnis zum Es auf der einen, zum Über-Ich auf der andern Seite, das also, was wir den Charakter des Individuums nennen, macht das Ich unnachgiebig. Es kann nur einen Wunsch kennen: den Charakter der Latenzperiode zu erhalten, das alte Kräfteverhältnis wieder herzustellen, den erhöhten

Triebansprüchen in gleichem Maße erhöhte Abwehranstrengungen entgegenzusetzen. In diesem Kampf um Erhaltung seiner unveränderten Existenz wird das Ich von Realangst und Gewissensangst in gleicher Weise getrieben, es bedient sich wahllos aller Abwehrmethoden, die es im infantilen Leben und in der Latenzzeit jemals geübt hat. Es verdrängt, verschiebt, verleugnet, verkehrt ins Gegenteil, wendet die Triebe gegen die eigene Person, es erzeugt Phobien, hysterische Symptome, bindet Angst mit Zwangsdenken und Zwangshandlungen. Wenn wir diesen Kampf um die Herrschaft zwischen Ich und Es ins einzelne verfolgen, wird uns klar, daß fast alle beunruhigenden Erscheinungen der Vorpubertät einzelnen Phasen seines Verlaufes entsprechen. Die Steigerung der Phantasietätigkeit, die Durchbrüche zur prägenitalen, also perversen sexuellen Befriedigung, die Aggressivität und Kriminalität bedeuten Teilerfolge des Es. Das Auftreten von Ängsten, die asketischen Züge, die Steigerung von neurotischen Symptomen und Hemmungserscheinungen sind die Konsequenzen der erhöhten Triebabwehr, also Teilerfolge des Ichs.

Die körperliche Geschlechtsreife, der Eintritt in die wirkliche Pubertät, bringt dann zur quantitativen Veränderung noch die qualitative. War die Erhöhung der Triebbesetzung bisher eine allgemeine, unterschiedslose, so ändert sich das jetzt – wenigstens in der männlichen Pubertät – zugunsten der Bevorzugung der genitalen Regungen. Im Psychischen geht das so vor sich, daß die Libidobesetzung von den prägenitalen Regungen zurückgezogen und auf die genitalen Gefühle, Ziele, Objektvorstellungen konzentriert wird. Die Genitalität steigt dadurch an psychischer Bedeutung, die prägenitalen Strebungen treten in den Hintergrund. Dadurch tritt in erster Linie eine Verbesserung des äußeren Anscheins ein. Die erziehende Außenwelt, die dem prägenitalen Charakter des Trieblebens in der Vorpubertät besorgt und verständnislos gegenübergestanden hat, bemerkt erleichtert, daß der ganze Spuk von Rüpelhaftigkeit, Aggression und Perversionen wie über Nacht verflogen ist. Die genitale Männlichkeit, die an ihre Stelle tritt, findet bei der Umgebung eine weit günstigere und nachsichtigere Beurteilung, auch wo sie sich nicht in den Grenzen des sozial Erlaubten halten will. Dabei ist diese physiologische Spontanheilung der Prägenitalität, die durch die Pubertätsentwicklung zustande gebracht wird, weitgehend eine Täuschung. Sie wirkt nur dort als wohltätiger kompensierender Ausgleich, wo vorher ganz bestimmte prägenitale Fixierungen das Bild beherrscht haben. Der passiv-feminine Knabe zum Beispiel wird plötzlich durch die Überleitung der Libidobesetzung aufs Genitale männlich-aktiver. Das heißt aber nicht, daß die Kastrationsängste und Konflikte, deren Endresultat seine weibliche Einstellung war, gelöst oder aus der Welt geschafft sind. Sie sind durch die vorübergehende genitale Besetzungssteigerung nur überdeckt. Nach Absinken der Triebstärke der Pubertät zum normalen Niveau des erwachsenen Lebens werden sie wahrscheinlich unangetastet wieder zum Vorschein kommen und die Männlichkeit von neuem stören. Dasselbe gilt für orale und anale Fixierungen, die während des Pubertätsschubs vorübergehend an Bedeutung verlieren. Diese Bedeutung bleibt trotzdem bestehen, und die alte pathogene An-Anziehungskraft dieser prägenitalen Formationen wird sich im späteren Leben unverändert wieder zeigen. Die kompensierende Wirkung der Pubertät versagt natürlich auch dort, wo schon in der Kindheit und Vorpubertät nicht die oralen und analen, sondern phallische Interessen im Vordergrund gestanden haben, also etwa beim phallisch-exhibitionistischen Knaben. Hier bringt der Genitalschub der Pubertät nicht nur keine Ermäßigung der Störung, sondern wirkt noch mit dem Störenden gleichsinnig. Es entsteht also keine Spontanheilung der kindlichen Perversion, sondern im Gegenteil eine höchst beunruhigend wirkende Verschlimmerung des vorhandenen Zustands. Die phallischen Tendenzen erhöhen sich zum Bild einer nicht mehr beherrschbaren, abnorm übersteigerten genitalen Männlichkeit.

Diese Einschätzung der Triebziele als normal oder abnorm gehört aber ganz den Wertungen der erwachsenen Außenwelt an und hat wenig oder nichts mit dem Ich des Jugendlichen selbst zu tun. Der innere Abwehrkampf geht weiter, ohne viel Notiz von ihnen zu nehmen. Das Ich des Jugendlichen wird in seiner Einstellung zum Es in erster Linie von quantitativen und nicht von qualitativen Gesichtspunkten bestimmt. Was in Frage steht, sind nicht Befriedigung oder Versagung triebhafter Wünsche im kleinen und einzelnen, sondern die psychische Struktur der Kindheit und Latenz im ganzen und allgemeinen. Die möglichen extremen Ausgänge des Kampfes sind dabei von zweierlei Art. Entweder überwältigt das stark gewordene Es das Ich. Dann bleibt vom bisherigen Charakter des Individuums erst einmal nichts übrig. Der Eintritt in die Erwachsenheit vollzieht sich im Zeichen stürmischer und hemmungsloser Triebbefriedigung. Oder das Ich bleibt Sieger. Dann wird der Charakter der Latenzperiode in Permanenz erklärt. Die Es-Regungen des Heranwachsenden werden in die kleinliche Enge gezwängt, die für das kindliche Triebleben vorgesehen war. Der unverwendbare Libidozuschuß verlangt einen ständigen Aufwand von Gegenbesetzungen, Abwehrmechanismen und Symptombildungen, um niedergehalten zu bleiben. Neben der Verkümmerung des Trieblebens, die daraus resultiert, wird die Erstarrung eines solchen siegreichen Ichs zum dauernden Schaden für das Individuum. Ich-Instanzen, die dem Pubertätsansturm standgehalten haben, ohne nachzugeben, bleiben gewöhnlich auch im ganzen späteren Leben unnachgiebig, unangreifbar und für Revisionen, die die veränderliche Realität verlangen würde, unzugänglich.

Für den Ausgang des Kampfes nach der einen oder andern extremen Richtung, für glückliche Lösungen im Sinne eines neuen Übereinkommens zwischen den Instanzen und für die vielen wechselnden Zwischenphasen seines Verlaufes möchte man am liebsten auch einen quantitativen Faktor verantwortlich machen, nämlich die Schwankungen der absoluten Triebstärke. Aber die analytische Beobachtung individueller Pubertätsentwicklung widerspricht dieser einfachen Erklärung. Es ist natürlich nicht so, daß ein Anschwellen der Triebstärke aus physiologischen Gründen das Individuum triebhafter machen muß und daß anderseits ein Sinken der Triebstärke diejenigen Erscheinungen in den Vordergrund treten läßt, an denen Ich und Über-Ich den größeren Anteil haben. Wie wir es vom neurotischen Symptom und den prämenstruellen Zuständen her kennen, treibt die Verstärkung der Triebansprüche jedesmal auch das Ich zu erhöhten Abwehranstrengungen. Verringerung der Triebbedürfnisse dagegen verringert die Triebgefahr und damit gleichzeitig die Realangst, die Gewissensangst und die Triebangst des Ichs. Das Verhältnis ist also, solange es sich nicht um Überschwemmungen vom Es her handelt, ein umgekehrtes. Verstärkung der Triebansprüche steigert den Ich-Widerstand gegen den Trieb und die Symptome, Hemmungen usw., die auf ihm beruhen; Verringerung der Triebbedürfnisse macht das Ich nachgiebiger und zugänglicher für die Gestattung von Befriedigungen. Das bedeutet aber, daß die absolute Triebstärke der Pubertät – ein Begriff, der an und für sich ohnedies nicht meßbar und nicht faßbar ist – noch nichts über den Pubertätsverlauf aussagt. Die Faktoren, die ihn bestimmen, sind relative: die Stärke der Es-Regungen, die vom physiologischen Pubertätsvorgang gegeben ist, auf der einen Seite; die Toleranz oder Intoleranz der Ich-Instanzen gegen den Trieb, wie sie sich aus dem in der Latenzzeit gebildeten Charakter ergibt, auf der andern Seite; und als entscheidender qualitativer Faktor in diesem Kampf zwischen quantitativen Größen: die Art und Leistungsfähigkeit der Abwehrmechanismen, die einem bestimmten Ich je nach seiner Konstitution, etwa nach seiner hysterischen oder zwangsneurotischen Veranlagung, und seiner individuellen Entwicklung zur Verfügung stehen.

ZWÖLFTES KAPITEL

Triebangst in der Pubertät

Wir schätzen die Phasen von Libidosteigerung im menschlichen Leben für die analytische Erforschung des Es seit jeher sehr hoch ein. Wünsche, Phantasien und Triebvorgänge, die zu anderen Zeiten unbemerkt oder unbewußt vor sich gehen, steigen durch die erhöhte Besetzung zum Bewußtsein auf, überwinden, wo es nötig ist, die Hindernisse, die die Verdrängung ihnen entgegenstellt, und werden im Durchbruch der Beobachtung zugänglich.

Aber auch die analytische Erforschung des Ichs hat allen Grund, diesen Perioden von Libidosteigerung ihr Interesse zuzuwenden. Durch die Intensivierung der Triebansprüche werden, wie wir gesehen haben, indirekt auch die Anstrengungen des Individuums, den Trieb zu bewältigen, in die Höhe getrieben. Allgemeinen Tendenzen des Ichs, die in Zeiten ruhigen Trieblebens wenig auffällig sind, bekommen dadurch neue Deutlichkeit und die ausgeprägten Ich-Mechanismen der Latenz- oder Erwachsenheit können sich bis zur krankhaften Charakterverzerrung übersteigern. In der Pubertät sind es u. a. besonders zwei Einstellungen des Ichs dem Triebleben gegenüber, die in ihrer Steigerung für den Beobachter neue Lebendigkeit bekommen und uns den Zugang zum Verständnis einiger typischer Eigenheiten der Pubertät verschaffen: nämlich der Askese des Jugendlichen und seiner Intellektualität.

Die Pubertätsaskese. – Die Triebfeindlichkeit des Jugendlichen, wo immer wir sie mitten zwischen seinen Triebexzessen, Triebdurchbrüchen und anderen ihr widersprechenden Einstellungen beobachten können, geht weit über das hinaus, was wir unter den Bedingungen des normalen Lebens, der leichteren oder schwereren neurotischen Erkrankung an Triebverdrängung zu sehen gewöhnt sind. Sie ähnelt in ihrem Auftreten und ihrer Ausbreitung weniger den Erscheinungen bei ausgesprochener neurotischer Erkrankung als der Einstellung zum Trieb, die bei den Asketen aus religiösem Fanatismus zu finden ist. Bei der Neurose finden wir, daß die Triebanweisung durch Verdrängung immer an die Art, die Qualität des Triebes geknüpft ist. Das heißt etwa: der Hysteriker verdrängt die genitalen Regungen, die mit den Objektwünschen des Ödipuskomplexes zusammenhängen, benimmt sich aber anderen Triebwünschen gegenüber, wie zum Beispiel den analen oder aggressiven Regungen, eher gleichgültig oder tolerant. Die Verdrängung des Zwangsneurotikers richtet sich gegen die anal-sadistischen Wünsche, die durch die stattgefundene Regression zum Träger seiner Sexualität geworden sind; aber er toleriert zum Beispiel orale Befriedigungen und hat kein besonderes Mißtrauen gegen etwa vorhandene exhibitionistische Gelüste, die nicht direkt mit dem Zentrum seiner Neurose zusammenhängen. Bei der Melancholie wieder sind es besonders die oralen

Tendenzen, die der Abweisung verfallen, beim Phobiker die mit dem Kastrationskomplex zusammenhängenden Regungen, die die Verdrängung herausfordern. In allen diesen Fällen aber ist die Triebabweisung keine unterschiedslose, es läßt sich immer in der Analyse eine bestimmte Beziehung zwischen der Qualität des verdrängten Triebes und der individuellen Begründung seiner Ausstoßung aus dem Bewußtsein aufdecken.

Die Triebabweisung, die wir in der Analyse von Jugendlichen verfolgen können, gibt ein anderes Bild. Sie nimmt zwar auch ihren Ausgangspunkt von besonders verpönten Zentren des Trieblebens, etwa von den Inzestphantasien der Vorpubertät oder der Steigerung der körperlichen Onaniehandlungen, die der Abfuhr solcher Wünsche dienen. Aber sie verbreitet sich von da aus mehr oder weniger unterschiedslos über das ganze Leben. Wie schon weiter oben hervorgehoben, handelt es sich bei dem Jugendlichen nicht um die Befriedigung oder Versagung spezieller Triebwünsche, sondern um Triebgenuß oder Triebverzicht an und für sich. Jugendliche, die eine solche asketische Phase durchmachen, scheinen die Quantität des Triebes zu fürchten, nicht seine Qualität. Ihr Mißtrauen gegen den Genuß ist ein allgemeines, so scheint es am sichersten, dem gesteigerten Verlangen einfach ein gesteigertes Verbot entgegenzusetzen. Jedem »Ich will« des Triebs wird ein »Du darfst nicht« des Ichs entgegengestellt, nicht viel anders, wie strenge Eltern es in der ersten Erziehung des Kleinkindes zu halten pflegen. Dieses Triebmißtrauen des Jugendlichen hat einen gefährlich fortschreitenden Charakter; es kann sich von den wirklichen Triebwünschen angefangen bis auf die alltäglichsten körperlichen Bedürfnisse erstrecken. Wir kennen aus der gewöhnlichen Beobachtung die Jugendlichen, die sich alle ans Geschlechtliche streifenden Bedürfnisse streng versagen, die die Gesellschaft Gleichaltriger meiden, jeder Unterhaltung ausweichen, nach puritanischem Vorbild von Theater, Musik und Tanz nichts wissen wollen. Der Verzicht auf Schönheit und Gefälligkeit der Kleidung paßt noch gut in diesen Zusammenhang des sexuellen Verbotes. Aber wir fangen an besorgt zu werden, wenn die Verweigerung sich auf harmlose und notwendige Dinge erstreckt, wenn der betreffende Jugendliche sich den gewöhnlichsten Kälteschutz versagt, sich in jeder Beziehung kasteit, sich unnötigen gesundheitlichen Schädigungen aussetzt; wenn er nicht nur besondere orale Genüsse vermeidet, sondern auch die tägliche Nahrung »aus Prinzip« auf ein bescheidenes Mindestmaß einschränkt; wenn er aus einem Langschläfer zu einem erzwungenen Frühaufsteher wird; wenn er sich das Lachen und Lächeln mißgönnt, ja im extremen Fall Defäkation und Harnentleerung bis zum äußersten verhält, mit der Begründung, daß man nicht jedem Bedürfnis gleich nachgeben müsse.

Eine Triebabweisung dieser Art unterscheidet sich auch noch in einem andern Punkt von der gewöhnlichen Verdrängung. Unter den Bedingungen der Neurose sind wir gewöhnt zu sehen, daß überall dort, wo eine Triebbefriedigung durch Verdrängung gestört wird, eine Ersatzbefriedigung an ihre Stelle rückt. Die Hysterie bedient sich zu diesem Zweck der Konversion, d. h. der Abfuhr der sexuellen Erregung in andere, sexualisierte Körperteile oder Körpervorgänge. Die Zwangsneurose verschafft sich regressive Ersatzlust, die Phobie zumindest einen sekundären Krankheitsgewinn. Außerdem erscheinen an Stelle der verbotenen Befriedigungen verschobene Genüsse, reaktive Bildungen; von den wirklichen neurotischen Symptomen, den Anfällen, Tics, Zwangshandlungen, Grübeleien usw. wissen wir, daß sie Kompromißbildungen sind, in denen das Gebot von Ich und Über-Ich sich nicht energischer durchsetzt als das Triebverlangen des Es. Die Triebabweisung des Jugendlichen anderseits läßt für solche Ersatzbefriedigung keinen Raum, sie scheint einem andern Mechanismus zu folgen. Statt Kompromißbildungen, die den neurotischen Symptomen entsprechen, und an Stelle von den gewöhnlichen Verschiebungen, Regressionen, Rückwendungen gegen die eigene Person findet sich fast regelmäßig ein Umschlag der Askese in den Triebexzeß, in dem ohne alle Rücksicht auf Einschränkungen von außen her plötzlich alles erlaubt wird, was vorher verboten war. So unwillkommen diese Triebexzesse der Umgebung des Jugendlichen an und für sich ihres dissozialen Charakters wegen sein müssen, so entsprechen sie, analytisch gesehen, doch momentanen Spontanheilungen des asketischen Zustands. Wo solche Selbstheilungen nicht vorfallen, wo das Ich auf irgendeine unerklärte Weise die Kraft hat, die Triebabweisung konsequent zu Ende zu führen, dort kommt es zur Lahmlegung der Lebenstätigkeiten, also zu einer Art katatonen Zustands, den wir nicht mehr dem gewöhnlichen Pubertätsablauf, sondern schon einer Art psychotischer Veränderung zuweisen müssen.

Es entsteht die Frage, ob man wirklich berechtigt ist, diese Triebabweisung im Pubertätsschub von der gewöhnlichen Triebabweisung durch Verdrängung abzutrennen. Die Grundlagen für eine solche begriffliche Sonderung wären nur im Anfang des Prozesses das Überwiegen der Angst vor der Triebquantität über die Angst vor der Qualität des Triebanspruchs und an seinem Ausgang das Zurücktreten von Ersatzbefriedigungen und Kompromißbildungen zugunsten eines schroffen Nebeneinander oder Nacheinander, besser gesagt, eines Wechsels von Triebverzicht und Triebexzeß. Wir wissen anderseits, daß auch bei der gewöhnlichsten neurotischen Verdrängung die quantitative Besetzung des abzuweisenden Triebes eine große Rolle spielt und daß auch unter den Bedingungen der Zwangsneurose ein Nacheinander von Verbot und Erlaubnis nur das Gewöhnliche ist. Trotzdem bleibt der Eindruck, daß es sich bei der Askese des Jugendlichen um einen primitiveren, weniger zusammengesetzten Prozeß handelt als bei der eigentlichen Verdrängung, daß wir es hier vielleicht mit einem Sonderfall oder eher einer Vorstufe von Verdrängungsaktionen zu tun haben.

Das analytische Studium der Neurosen hat nun schon seit langem zu der Vermutung geführt, daß im Menschen eine Neigung zur Abweisung bestimmter Triebe, besonders der Sexualtriebe, ohne alle Erfahrung und ohne spezielle Auswahl als philogenetische Erbschaft schon von vornherein vorhanden ist, d. h. als Niederschlag der Triebverdrängungen, die viele Generationen bereits geübt haben und die im individuellen Leben nur fortgesetzt, nicht neu eingeführt werden. Bleuler hat für diese doppelte Einstellung des Menschen zum Geschlechtsleben – konstitutionelle Abneigung bei gleichzeitiger Begierde – seinen Begriff der Ambivalenz geprägt.

Diese primäre Triebfeindlichkeit des Ichs, seine Angst vor

der Triebstärke, wie wir sie nennen, ist aber in ruhigen Lebensperioden nicht viel mehr als ein theoretischer Begriff. Wir vermuten, daß sie überall dort als Grundlage zu finden ist, wo das Individuum überhaupt Triebängste entwickelt. Für die Beobachtung aber wird sie von den viel deutlicheren und lauteren Erscheinungen überdeckt, die der Realangst und Gewissensangst entspringen und sich auf schockartig wirkende Vorfälle des individuellen Lebens zurückführen lassen.

Es könnte sein, daß es die quantitative Triebsteigerung des Pubertätsschubes wie auch anderer Triebschübe im Laufe des individuellen Lebens ist, die diese primäre Triebfeindlichkeit des Ichs zu einem eigenen lebendigen Abwehrmechanismus steigert. Was wir in der Pubertätsaskese zu sehen bekommen, wären dann nicht eigentlich qualitativ bedingte Verdrängungsaktionen, sondern eben die unterschiedslose, primäre und primitive angeborene Feindschaft zwischen Ich und Trieb.

Die Intellektualisierung in der Pubertät. – Wenn die Auffassung zu Recht besteht, daß unter den Bedingungen eines Libidovorstoßes allgemeine Einstellungen des Ichs sich zur Bedeutung wirklicher Abwehrmethoden erheben können, dann läßt sich dieser Gesichtspunkt vielleicht auch auf andere Ich-Veränderungen ausdehnen, die in der Pubertät zustande kommen.

Wir wissen, daß das Hauptgebiet für Verhandlungen in der Pubertät das Trieb- und Gefühlsleben ist, ferner, daß das Ich sich sekundär überall dort verändert, wo es direkt mit der Bewältigung des Trieb- und Gefühlslebens zu tun hat. Aber der Bereich der Pubertätsveränderungen ist damit natürlich noch lange nicht erschöpft. Der Jugendliche wird unter den Bedingungen des Pubertätsschubes triebhafter; das ist verständlich und bedarf keiner weiteren Erklärung. Er wird moralischer und asketischer; die Erklärung dafür ergibt sich aus dem Kampf zwischen Ich und Es, der sich in ihm abspielt. Aber er wird auch gescheiter, steigert alle seine intellektuellen Bedürfnisse; es ist auf den ersten Blick nicht einzusehen, was dieser Fortschritt in der intellektuellen Entwicklung mit dem Fortschritt in der Triebentwicklung und der Steigerung der Ich-Entwicklung durch erhöhte Abwehrbedürfnisse zu tun haben soll.

Wir sind im allgemeinen eher darauf vorbereitet zu finden, daß Trieb- oder Gefühlsstürme und Intellektualität in einem umgekehrten Verhältnis zueinander stehen. Schon im Zustand der normalen Verliebtheit verringert sich die intellektuelle Leistungsfähigkeit eines Menschen; sein Verstand funktioniert weniger verläßlich. Je mehr ihm an der Durchsetzung seiner triebhaften Wünsche liegt, desto weniger Neigung hat er gewöhnlich, sie verstandesgemäß zu betrachten und auf ihre vernünftige Begründung zu prüfen.

Beim Jugendlichen scheint das für die erste Beobachtung ganz anders. Es gibt einen Typus von Halbwüchsigen, bei denen der Sprung nach vorwärts in der intellektuellen Entwicklung nicht weniger auffällig und überraschend ist als der Entwicklungsvorstoß auf den anderen Gebieten. Wir wissen, wie häufig bei Knaben in der Latenzperiode das Interesse sich einseitig ganz auf reale und sachliche Dinge richtet. Entdeckungen und Abenteuer, Zahlen und Größenverhältnisse, Schilderungen fremder Tiere und Gegenstände dirigieren die Leselust der einen; andere beschränken sich auf Motoren von der einfachsten bis zur kompliziertesten Form. Das Gemeinsame bei beiden Typen ist gewöhnlich die Bedingung, daß der Gegenstand, mit dem man sich beschäftigt, konkret sein muß, also kein Produkt der Phantasie, wie die Märchen und Fabeln der ersten Kindheitsperiode, sondern in der Wirklichkeit real und körperlich vorhanden. Diese konkreten Interessen der Latenzperiode können sich nun von der Vorpubertät angefangen immer auffälliger ins Abstrakte verwandeln. Besonders die Jugendlichen, die Bernfeld in seinem Typus der »verlängerten Pubertät« geschildert hat, haben ein unstillbares Verlangen, über abstrakte Themen zu denken, zu grübeln und zu reden. Sehr viele Jugendfreundschaften werden auf der Basis dieses Bedürfnisses nach gemeinsamem Grübeln und gemeinsamer Diskussion begründet und unterhalten. Die Themen, die diese Jugendlichen beschäftigen, und die Probleme, die sie zu lösen versuchen, sind sehr weitreichende. Es handelt sich bei ihnen gewöhnlich um die Formen der freien Liebe oder um Ehe und Familiengründung, um Freiheit oder Beruf, Wanderschaft oder Niederlassung, um weltanschauliche Fragen, wie Religion oder Freidenkertum, um die verschiedenen

Formen der Politik, um Revolution oder Unterwerfung, um die Freundschaft selbst in allen ihren Formen. Wenn wir in der Analyse Gelegenheit haben, die Gespräche der Jugendlichen wahrheitsgetreu berichtet zu bekommen oder die Tagebücher und Aufzeichnungen Jugendlicher zu verfolgen, so sind wir nicht nur überrascht von der Weite und Uneingeschränktheit des jugendlichen Denkens, sondern auch voll Respekt für das Maß an Einfühlung und Verständnis, die scheinbare Überlegenheit und gelegentlich fast Weisheit in der Behandlung schwieriger Probleme.

Unsere Einstellung ändert sich dann, wenn wir unsere Beobachtung von der Verfolgung der intellektuellen Vorgänge selbst auf ihre Einreihung in das Leben des Jugendlichen richten. Wir finden dann mit Erstaunen, daß alle diese hohe Verstandesleistung mit dem Verhalten des Jugendlichen selbst wenig oder gar nichts zu tun hat. Seine Einfühlung in fremdes Seelenleben hält ihn von den gröbsten Rücksichtslosigkeiten gegen seine nächsten Objekte nicht ab. Seine hohe Auffassung der Liebe und der Verpflichtung des Liebenden hat keinen Einfluß auf die ständigen Treulosigkeiten und Gefühlsroheiten, die er sich bei seinen wechselnden Verliebtheiten zuschulden kommen läßt. Die Einreihung in das soziale Leben wird auch nicht im mindesten dadurch erleichtert, daß das Verständnis und Interesse für den Aufbau der Gesellschaft das der späteren Jahre oft weit überschreitet. Die Vielseitigkeit seiner Interessen hält den Jugendlichen nicht davon ab, sein Leben eigentlich auf einen einzigen Punkt zu konzentrieren: auf die Beschäftigung mit seiner eigenen Persönlichkeit.

Wir erkennen, besonders in der Zerlegung dieser intellektuellen Interessen unter den Bedingungen der analytischen Behandlung, daß es sich hier gar nicht um Intellektualität im gewöhnlichen Sinne handelt. Es ist nicht so, daß der Jugendliche sich etwa die verschiedenen Situationen der Liebe oder der Berufswahl überdenkt, um an seinen Überlegungen eine Richtschnur für sein Handeln zu finden, wie der Erwachsene es täte, oder wie der Knabe in der Latenzzeit einen Motor studieren würde, um ihn dann zerlegen und wieder zusammensetzen zu können. Die Intellektualität des Jugendlichen scheint keinem andern Zweck zu dienen als seine Tagträumerei. Auch die Ehrgeizphantasien der Vorpubertät sind ja nicht dazu bestimmt, in die Wirklichkeit umgesetzt zu werden. Der Jugendliche, der sich selber als Eroberer phantasiert, fühlt auch deshalb noch nicht die Verpflichtung, sich im wirklichen Leben mutig oder standhaft zu beweisen. Ebenso fühlt der Jugendliche offenbar schon Befriedigung, wenn er überhaupt denkt, grübelt oder diskutiert. Sein Handeln geht unter andern Bedingungen vor sich und braucht von den Ergebnissen des Denkens, Grübelns oder der Diskussion nicht beeinflußt zu werden.

Die analytische Verfolgung der intellektuellen Vorgänge im Jugendlichen macht uns aber auch noch auf etwas anderes aufmerksam. Die Themen, die im Vordergrund seines Interesses stehen, sind beim näheren Zusehen dieselben, um die die Konflikte zwischen seinen inneren Instanzen entbrannt sind. Auch hier handelt es sich wieder um die Unterbringung des Triebhaften in den Zusammenhang des menschlichen Lebens, um sexuelles Ausleben oder Verzicht, Freiheit oder Freiheitsbeschränkung, Auflehnung gegen die Autorität oder Unterordnung. Das glatte Triebverbot, die Askese, leistet, wie wir gesehen haben, dem Jugendlichen im allgemeinen nicht, was er von ihr erwartet. Da die Gefahr erst einmal allgegenwärtig bleibt, muß er sich nach vielen Mitteln umsehen, um sie zu bewältigen. Das Durchdenken des Triebkonflikts, seine Intellektualisierung, scheint ein solches Mittel zu sein. Hier wird die Flucht vor dem Trieb, die wir bei der Askese finden, durch Zuwendung zu ihm ersetzt. Aber die Zuwendung bleibt eine gedankliche, intellektuelle. Was der Jugendliche in seinen abstrakten intellektuellen Gesprächen und Leistungen zustande bringt, sind keine Lösungsversuche von Aufgaben, die die Realität ihm stellt. Seine Gedankenarbeit entspricht eher einer gespannten Wachsamkeit für die Triebvorgänge in seinem Innern und einem Umsetzen dessen, was er spürt, in abstrakte Gedanken. Die Weltanschauung, die er in Gedanken aufbaut, etwa die Forderung nach Umsturz in der Außenwelt entspricht also der Wahrnehmung des Neuen und sein ganzes Leben Umstürzenden im Triebverlangen des eigenen Es. Die Idealbilder von Freundschaft und ewiger Treue müssen nichts anderes sein als eine Spiegelung der Besorgnisse seines eigenen Ichs, das spürt, wie wenig haltbar alle seine neuen und stürmischen Objektbeziehungen geworden sind[34]. Die Sehnsucht nach Führung und Unterstützung in dem oft aussichtslosen Kampf gegen die Triebstärke kann sich in scharfsinnige Beweise für die Unselbständigkeit des Menschen in politischen Entscheidungen umsetzen. Was sich im Intellektuellen äußert, wäre also eine Schilderung der Triebvorgänge. Das Motiv dieser gesteigerten Zuwendung von Aufmerksamkeit für den Trieb wäre aber der Versuch, ihn auf einem andern Niveau zu fassen und zu bewältigen.

Wir erinnern uns daran, daß in der psychoanalytischen Metapsychologie die Verbindung von Affekten und Triebvorgängen mit Wortvorstellungen als der erste und wichtigste Schritt zur Triebbeherrschung geschildert wird, den das Individuum in seiner Entwicklung durchzumachen hat. Das Denken wird dort überhaupt als »ein Probehandeln unter Verwendung kleinster Triebquantitäten« bezeichnet. Diese Intellektualisierung des Trieblebens, der Versuch, der Triebvorgänge dadurch habhaft zu werden, daß man sie mit Vorstellungen verknüpft, mit denen sich im Bewußtsein hantieren läßt, gehört zu den allgemeinsten, frühesten und notwendigsten Erwerbungen des menschlichen Ichs. Wir empfinden sie als unentbehrlichen Bestandteil des Ichs, nicht als eine Tätigkeit, die es ausübt.

Man bekommt wieder den Eindruck, daß die Erscheinungen, die im vorstehenden als »Intellektualisierung in der Pubertät« zusammengefaßt sind, nichts anderes sind als die Übersteigerung dieser allgemeinen Ich-Einstellung unter den besonderen Bedingungen eines Libidoschubes. Was das Ich zu anderen Zeiten selbstverständlich, stumm und nebenher leistet, rückt durch bloße quantitative Steigerung in den Vordergrund der Aufmerksamkeit. Die erhöhte Intellektualität des Jugendlichen – vielleicht auch das so hoch gesteigerte intellektuelle Verständnis für innere Vorgänge zu Beginn jedes psychotischen Schubes – wäre, nach dieser Auffassung nichts anderes als die auch sonst vorhandene Be-

[34] Ich verdanke Margit Dubovitz, Budapest, den Hinweis darauf, daß das Nachgrübeln des Jugendlichen über den Sinn des Lebens und Sterbens eine Spiegelung der Arbeit der Destruktion im eigenen Innern bedeutet.

mühung des Ichs um die Triebbewältigung mit Hilfe von Gedankenarbeit.

Vielleicht erlaubt uns die Verfolgung dieses Gedankenganges an dieser Stelle noch einen kleinen Nebengewinn. Wenn Erhöhung der Triebbesetzung jedesmal automatisch auch das Bemühen steigert, die Triebvorgänge intellektuell zu verarbeiten, dann verstehen wir, daß Triebgefahr den Menschen gescheit macht; in triebruhigen, also ungefährlichen Perioden kann das Individuum es sich eher erlauben, dumm zu sein. Die Triebangst wirkt hier nicht anders, als wir es von der Realangst her kennen. Reale Gefahr und reale Entbehrung spornen den Menschen zu intellektuellen Leistungen und Lösungsversuchen an, während reale Sicherheit und Überfluß eher dumm und bequem machen. Die Zuwendung der intellektuellen Aufmerksamkeit auf die Triebvorgänge entspricht eben der Wachsamkeit, die das Ich des Menschen der gefährlichen Realität gegenüber als notwendig kennengelernt hat.

Wir haben bisher immer einen andern Erklärungsversuch für das Abnehmen der Gescheitheit des Kleinkindes bei Eintritt in die Latenzperiode verwendet. Die glänzenden intellektuellen Leistungen des Kleinkindes sind eng verbunden mit seiner Sexualforschung. Mit dem Verbot des Sexuellen in der frühen Kindheit dehnt sich auch das Denkverbot und die Denkhemmung auf andere Gebiete des Lebens aus. Man war nicht überrascht, mit dem Wiederaufflammen des Sexuellen in der Vorpubertät, also mit dem Durchbruch durch die Sexualverdrängung der ersten Kindheit, auch die intellektuellen Fähigkeiten in alter Kraft wiederkehren zu sehen.

Diesem uns gewohnten Erklärungsversuch läßt sich jetzt noch ein zweiter an die Seite stellen. Es ist vielleicht nicht nur so, daß das Kind in der Latenzperiode nicht abstrakt denken d a r f , es hat es vielleicht nicht nötig, abstrakt zu denken. Erste Kindheit und Pubertät sind Zeiten voll Triebgefahren, die »Gescheitheit« dieser Perioden dient wenigstens zum Teil ihrer Bewältigung. Latenz und Erwachsenheit dagegen sind Zeiten verhältnismäßiger Ich-Stärke. Das Bemühen des Ichs zu intellektualisieren darf auf ein geringeres Maß herabsinken, ohne dem Individuum Schaden zu bringen. Dabei darf man nicht vergessen, daß diese Verstandesleistungen, besonders die der Pubertät, zwar blendend und auffällig, aber weitgehend unfruchtbar sind. Sogar die von uns so bewunderten und geschätzten intellektuellen Leistungen der ersten Kindheit haben in einer Richtung Anteil an diesem Charakter. Wir brauchen nur daran zu denken, daß auch die infantile Sexualforschung, in der wir in der Psychoanalyse den schärfsten Ausdruck der kindlichen Verstandestätigkeit sehen, fast nie die wirklichen Tatsachen des erwachsenen Sexuallebens zutage fördert. Das Ergebnis der kindlichen Sexualforschung sind in der Regel die infantilen Sexualtheorien, also nicht ein Erfassen der Wirklichkeit, sondern eine Widerspiegelung der Triebvorgänge im eigenen Innern des beobachtenden Kindes.

Die Verstandesarbeit, die das Ich in der Latenzzeit und in der Erwachsenheit zustande bringt, ist weitaus solider, verläßlicher und vor allem viel enger mit seinem Handeln verbunden.

Objektliebe und Identifizierung in der Pubertät. – Wenn wir Askese und Intellektualisierung in der Pubertät in das Schema einreihen wollen, das ich weiter oben als Orientierung der Abwehrvorgänge nach Angst und Gefahr bezeichnet habe, so ist es deutlich, daß beide der dort geschilderten dritten Art angehören. Die Gefahr, die dem Ich droht, ist die der Überschwemmung durch den Trieb; die Angst, von der es beherrscht wird, ist Angst vor der Triebquantität. In der individuellen Entwicklung müssen wir die Entstehung dieser Angst in sehr frühe Zeiten zurückversetzen. Sie gehört zeitlich zu der Periode der allmählichen Ablösung eines Ichs vom undifferenzierten Es. Die Abwehrhaltungen, die sich unter dem Druck der Angst vor der Triebstärke ausbilden, sind dazu bestimmt, diese Scheidung zwischen Ich und Es aufrechtzuerhalten und den Bestand der neu aufgerichteten Ich-Organisation zu sichern. Die Askese hat also die Aufgabe, das Es durch simples Verbot in Schranken zu halten, die Intellektualisierung den Zweck, Triebvorgänge durch enge Verbindung mit Vorstellungsinhalten zugänglich und beherrschbar zu machen.

Aber ein Zurückfallen des Individuums im Libidoschub auf diese primitive Stufe der Angst vor der Triebstärke kann auch sonst nicht ohne Folgen für die übrigen Trieb- und Ich-Vorgänge bleiben. Ich greife im folgenden aus den vielen Sonderbarkeiten, die die Pubertätsphänomene bieten, zwei der wichtigsten heraus und verfolge ihren Zusammenhang mit dieser Ich-Regression.

Die auffälligsten Erscheinungen im Leben des Jugendlichen gehen im Grunde auf dem Gebiete seiner Objektbeziehungen vor sich. Hier wird der Kampf zwischen zwei entgegengesetzten Tendenzen am allersichtbarsten. Die aus der allgemeinen Triebabneigung stammende Verdrängung nimmt, wie wir gehört haben, gewöhnlich die Inzestphantasien der Vorpubertät zu ihrem ersten Angriffspunkt. Das Mißtrauen des Ichs und seine asketische Haltung richten sich vor allem gegen die Liebesbindung an alle Objekte der Kindheit. Dadurch vereinsamt der Jugendliche einerseits; er bringt es zustande, von da an unter seiner Familie zu leben, als wären es Fremde. Anderseits greift die Triebabneigung von der Objektbeziehung selbst auch auf die Beziehung zur Über-Ich-Instanz über. Soweit das Über-Ich zu dieser Zeit noch mit Libido besetzt ist, die aus der Elternbeziehung stammt, wird es selber behandelt wie ein verdächtiges inzestuöses Objekt und verfällt auch selbst den Folgen der Askese. Das Ich entfremdet sich auch von ihm. Das jugendliche Individuum empfindet diese partielle Verdrängung des Über-Ichs, die teilweise Entfremdung von seinen Inhalten als eine seiner schwersten Störungen. Die Erschütterung der Beziehung zwischen Ich und Über-Ich wirkt vor allem wieder steigernd auf die Triebgefahr. Das Individuum wird dissozialer. Vor dieser Störung sind die Gewissensängste und Schuldgefühle, die aus der Beziehung des Ichs zum Über-Ich stammen, ja die wirksamsten Hilfen des Ichs im Kampf gegen den Trieb. Man kann in den Anfangsstadien der Pubertät auch einen deutlichen Versuch zur vorübergehenden Überbesetzung aller Über-Ich-Inhalte beobachten. Der sogenannte »Idealismus« des Jugendlichen erklärt sich wahrscheinlich aus diesem Vorgang. Jetzt entsteht also die Situation, daß die Askese, die selbst schon eine Folge der erhöhten Triebgefahr ist, selber wieder durch Erschütterung der Beziehung zum Über-Ich die Abwehrmaßnahmen außer Kraft setzt, die der Über-Ich-Angst angehören, und dadurch das Ich noch energischer auf die Stufe der reinen Triebangst und der primitiven ihr zugehörigen Schutzmaßnahmen zurückwirft.

Die Vereinsamung und Abwendung ist aber nur eine der Tendenzen, die sich in der Objektbeziehung des Jugendlichen durchsetzen. An Stelle der verdrängten Bindungen an die Kindheitsobjekte entstehen zahlreiche neue Bindungen, zum Teil an Gleichaltrige, wo sie die Form leidenschaftlicher Freundschaft oder voller Verliebtheit annehmen, zum Teil an ältere Führergestalten, die deutlich den Ersatz für die verlassenen Elternobjekte bedeuten. Diese Liebesbeziehungen sind während ihrer Dauer stürmisch und ausschließlich, aber ihre Dauer ist kurz. Die einmal gewählten Objekte werden ohne Rücksicht auf die Gefühle des Partners wieder verlassen und gegen andere eingetauscht. Die verlassenen Objekte werden schnell und völlig vergessen; nur die Form der Beziehung zu ihnen erhält sich bis ins kleinste und stellt sich am neuen Objekt gewöhnlich in getreuester Wiederholung wie zwanghaft wieder her.

Diese Objektbeziehungen der Pubertät haben neben der auffallenden Treulosigkeit gegen das Liebesobjekt noch einen zweiten besonderen Charakter. Ihr Ziel ist nicht eigentlich die Besitzergreifung des Objekts im gewöhnlichen körperlichen Sinne des Wortes. Das Ziel scheint vielmehr die möglichst volle Angleichung an die geliebte Person des Augenblicks.

Wir wissen alle aus der alltäglichen Beobachtung, wie verwandlungsfähig der Jugendliche ist. Schrift, Aussprache, Haartracht, Kleidung und Lebensgewohnheiten aller Art sind weit anpassungsfähiger als zu irgendeiner andern Lebenszeit. Oft zeigt ein erster Blick auf einen Halbwüchsigen, wer sein älterer und bewunderter Freund ist. Aber die Verwandlungsfähigkeit geht auch noch weiter. Weltanschauung, Religion und Politik lassen sich nach dem Vorbild des andern ändern; die Überzeugung von der Richtigkeit des willig Übernommenen verliert auch bei häufigem Wechsel nicht an Stärke und Leidenschaft. Der Jugendliche gleicht in dieser Beziehung dem »Als ob«-Typus, den Helene Deutsch als Zwischenstufe zwischen neurotischer und psychotischer Erkrankung in einer klinischen Arbeit zur Psychologie des

Erwachsenen beschrieben hat[35]. Er lebt in jeder neuen Beziehung zu einem Objekt, »als ob« er wirklich sein eigenes Leben leben, seine eigenen Gefühle, Meinungen und Ansichten zum Ausdruck bringen würde.

Eine Jugendliche meiner eigenen analytischen Beobachtung ließ den Mechanismus, der diesen Verwandlungsvorgängen zugrunde liegt, besonders deutlich erkennen. Sie wechselte während eines Jahres in der oben beschriebenen Weise mehrmals von einer Freundschaftsbeziehung zur andern, von Mädchen zu Knaben, von Knaben zu älteren Frauen. Bei jedem solchen Wechsel wurde sie nicht nur gleichgültig gegen das verlassene Objekt, sondern verfolgte es mit einer ganz besonderen leidenschaftlichen, fast verächtlichen Abneigung, empfand jedes zufällige oder notwendige Zusammentreffen mit ihm fast als unerträglich. Wir verstanden schließlich nach längerer analytischer Bemühung, daß das gar nicht ihre eigenen Gefühle gegen die ehemaligen Freunde waren. So wie sie nach jedem solchen Wechsel in vielen inneren und äußeren Dingen Formen und Anschauungen des neuen Liebesobjektes zu übernehmen gezwungen war, so fühlte sie auch nicht mehr ihre eigenen Gefühle, sondern die des neugewählten Freundes. Ihre Abneigung gegen die früher geliebten Menschen war wirklich nicht ihre eigene. Sie war in Einfühlung in die Gefühle des neuen Freundes empfunden. Auf diese Weise brachte sie s e i n e phantasierte Eifersucht gegen jeden früher von ihr Geliebten zum Ausdruck, oder s e i n e , nicht ihre eigene Verachtung gegen eventuelle Nebenbuhler.

Die innere Situation in dieser und ähnlichen Pubertätsphasen läßt sich in sehr einfachen Worten beschreiben: diese stürmischen und wenig haltbaren Liebesbindungen der Pubertät sind gar keine Objektbeziehungen im erwachsenen Sinne des Wortes. Es sind Identifizierungen der primitivsten Art, wie wir sie etwa in der ersten Entwicklung des Kleinkindes, vor Beginn aller Objektliebe, kennenlernen können. Die Treulosigkeit der Pubertät anderseits wäre dann gar kein Liebes- oder Überzeugungswechsel innerhalb des Individuums, sondern ein durch den Wechsel der Identifizierung bedingter Persönlichkeitsverlust.

[35] Helene D e u t s c h, Über einen Typus der Pseudoaffektivität (»Als ob«). Int. Ztschr. f. Psychoanalyse, XX, 1934, S. 323 ff.

Eine analytische Einsicht an einer anderen Fünfzehnjährigen führt dann vielleicht noch einen Schritt weiter in das Verständnis für die Rolle dieser Identifizierungsneigungen. Die Patientin ist ein besonders schönes und anmutiges Mädchen, das im gesellschaftlichen Leben seines Kreises schon eine Rolle spielt, trotzdem aber von rasender Eifersucht auf eine noch kindliche Schwester geplagt wird. Sie stellt alle früher bei ihr vorhandenen Lebensinteressen in der Pubertät zurück und wird nur von dem einen Verlangen getrieben, sich von ihren jugendlichen und älteren Freunden bewundern und lieben zu lassen. Sie verliebt sich mit voller Stärke aus der Ferne in einen etwas älteren Knaben, mit dem sie auch gelegentlich in Gesellschaften und an Tanzabenden zusammentrifft. In dieser Zeit schreibt sie mir einen Brief, in dem sie ihre Liebeszweifel und Besorgnisse schildert.

»Du mußt mir raten«, heißt es dort, »wie ich mich benehmen soll, wenn ich mit ihm zusammentreffe. Soll ich ernst oder lustig sein? Wird er mich lieber haben, wenn ich mich gescheit zeige oder wenn ich mich dumm stelle? Ist es besser, wenn ich die ganze Zeit nur von ihm oder auch von mir selbst rede? ...« Ich beantworte die Fragen in unserer nächsten Zusammenkunft mündlich. Ich meine, daß es doch vielleicht nicht nötig sei, Pläne für ihr Benehmen schon im voraus zu machen. Ob sie nicht im Augenblick so sein könnte, wie sie eben sei und wie ihr eben zumute wäre? Sie versichert, nein, das ginge nicht, und begründet in langer Rede die Notwendigkeit, so zu sein, wie es den andern gefällt und sie einen haben wollen. Nur dann könne man sicher sein, ihre Liebe zu erwerben. Und ohne von diesem Knaben geliebt zu werden, könne sie überhaupt nicht leben.

Sehr bald darauf schildert mir die gleiche Patientin eine Phantasie, die eine Art allgemeinen Weltuntergang darstellt. Wie es wäre, wenn alle Menschen zugrunde gehen müßten? Sie geht die Reihe ihrer Freunde und Verwandten durch, bis sie sich schließlich in der Vorstellung allein zurückgelassen auf der Erde findet. Aus Stimme, Betonung und der Schilderung aller Details ist es klar, daß es sich um Wunschvorstellungen handelt. Sie empfindet Lust, keine Angst bei der Erzählung.

Ich erinnere sie an dieser Stelle an ihr stürmisches Verlangen nach Geliebtwerden. Schon die bloße Vorstellung, einem ihrer Freunde zu mißfallen und seine Liebe zu verlieren, konnte sie die Tage vorher in Verzweiflung versetzen. Wer aber wird sie lieben, wenn sie so allein auf der Welt zurückbleibt? Sie weist die Mahnung an die Besorgnisse des Vortages ruhig ab. »Dann würde ich mich selber lieben«, sagt sie, als wäre sie endlich alle Ängste los, mit einem tiefen Seufzer der Erleichterung.

Diese kleine analytische Beobachtung an einem Einzelfall scheint mir einen Hinweis auf etwas für bestimmte Objektbeziehungen der Pubertät Charakteristisches zu enthalten. Durch die Erschütterung der alten Objektbeziehungen, durch die Folgen von Triebabneigung und Askese wird die Außenwelt des Jugendlichen entlibidinisiert. Er ist in Gefahr, seine Objektlibido von der Umwelt auf die eigene Person zurückzuziehen, entsprechen den Regressionen in seinem Ich auch im libidinösen Leben von der Objektliebe zum Narzißmus zu regredieren. Dieser Gefahr entzieht er sich durch die krampfhaften Bemühungen, doch wieder Anschluß an die Außenweltsobjekte zu finden, wenn auch erst einmal in Anlehnung an den Narzißmus, also durch Identifizierungen. Die stürmischen Objektbeziehungen des Jugendlichen hätten nach dieser Auffassung – wieder ähnlich den Zuständen im Beginn psychotischer Schübe – den Charakter von Restitutionsversuchen.

Ich habe im Verlaufe der vorangegangenen Schilderungen die charakteristischen Einzelheiten des Pubertätsverlaufes so häufig mit schweren Krankheitserscheinungen verglichen, daß es vielleicht notwendig ist, trotz der Unvollständigkeit dieser Ausführungen noch ein Wort über Normalität oder Abnormität der Pubertätsvorgänge hinzuzufügen.

Die Basis für den Vergleich zwischen der Pubertät und den Anfangszuständen bei psychotischen Schüben ist, wie wir gesehen haben, die Auffassung von der Wirkung quantitativer Besetzungsänderungen. Die erhöhte Libidobesetzung des Es steigert in beiden Fällen einerseits die Triebgefahr, anderseits die Abwehranstrengungen aller Arten. Daß auf Grund dieser quantitativen Vorgänge jede Periode von Libidosteigerung im menschlichen Leben zum geeigneten Ansatzpunkt für neurotische und psychotische Erkrankungen werden kann, war uns in der Analyse immer gegenwärtig.

Die besondere Ähnlichkeit zwischen dem Pubertätsverlauf und psychotischen Schüben scheint nebenbei noch in dem Hervortreten primitiver Abwehrhaltungen zu liegen, die der Angst des Ichs vor der Triebstärke zugehören, also einer Angst, die älter ist als alle Real- und Gewissensangst.

Der Eindruck des individuellen Pubertätsverlaufs, seine Normalität und Abnormität wird dann wahrscheinlich davon abhängen, ob der eine oder der andere dieser Züge oder mehrere von ihnen gleichzeitig das Bild beherrschen. Der asketische Jugendliche, bei dem aber der Intellekt frei funktioniert und zahlreiche gute Objektbeziehungen erhalten sind, erscheint uns normal. Dasselbe gilt für den intellektualisierenden Typus, für den idealistischen Jugendlichen, auch für den, der von einer schwärmerischen Freundschaft zur andern getrieben wird. Wo aber die Triebaskese weitgehend durchgesetzt ist, wo die Intellektualisierung gleichzeitig die andern Verstandesleistungen überwuchert und die Beziehungen zur Umwelt ausschließlich auf Grund von wechselnden Identifizierungen hergestellt werden, dort wird es dem beobachtenden Pädagogen oder dem Analytiker nicht mehr leicht fallen zu entscheiden, was noch einem Durchgangsstadium der normalen Entwicklung und was schon einem pathologischen Zustand angehört.

SCHLUSSBEMERKUNG

Die Zuordnung der einzelnen Abwehrmechanismen zu bestimmten Angstsituationen, die ich in den vorstehenden Kapiteln an einigen Beispielen durchzuführen versucht habe, wird sich bei fortschreitender Kenntnis der unbewußten Tätigkeit des Ichs wahrscheinlich viel genauer bestimmen lassen. Auch der historische Zusammenhang zwischen typischen Erlebnissen in der individuellen Entwicklung und der Entstehung bestimmter Abwehrformen ist zum großen Teil noch dunkel. Die angeführten Beispiele gestatten etwa die Vermutung, daß der Mechanismus der Leugnung in typischer Weise bei der Verarbeitung von Kastrationsvorstellungen und dem Erlebnis von Objektverlusten zu Hilfe gerufen wird. Die altruistische Abtretung von Triebregungen scheint unter bestimmten Bedingungen speziell zur Überwindung narzißtischer Kränkungen geeignet zu sein.

Besser gelingt schon auf Grund unserer heutigen Kenntnisse die Parallele zwischen der Abwehrtätigkeit des Ichs nach außen und innen. Die Verdrängung leistet für die Beseitigung der Triebabkömmlinge dasselbe wie die Leugnung für die Beseitigung der Außenweltreize. Die Reaktionsbildung dient der Sicherung gegen Rückkehr des Verdrängten von innen her, die Phantasie vom Gegenteil der Sicherung der Leugnung gegen Erschütterung durch die Außenwelt. Die Hemmung der Triebregung gegenüber entspricht der Ich-Einschränkung zum Zwecke der Vermeidung äußerer Unlust. Die Intellektualisierung der Triebvorgänge als Gefahrverhütung nach innen ist dasselbe wie die immer vorhandene Wachsamkeit des Ichs für die Gefahren der Außenwelt. Alle jene andern Abwehrvorgänge, die wie die Verkehrung ins Gegenteil oder die Wendung gegen die eigene Person in Veränderung der Triebvorgänge selbst bestehen, entsprechen nach außen hin den hier nicht mehr einbezogenen Versuchen des Ichs, die Verhältnisse der Außenwelt durch aktiven Eingriff zu verändern.

Die Aufstellung dieser Gegensatzpaare führt zu der Frage, woher das Ich die Form der Abwehrmechanismen bezieht, ob der Kampf mit der Außenwelt nach dem Vorbild der Triebabwehr geführt wird oder ob umgekehrt die Formen der Triebabwehr nach den Vorbildern der Außenweltskämpfe gestaltet sind. Aber die Entscheidung in dieser Alternative kann kaum eindeutig ausfallen. Das infantile Ich erlebt den Ansturm der Trieb- und Außenweltsreize zur gleichen Zeit; es muß also, wenn es seine Existenz erhalten will, die Abwehr nach beiden Seiten gleichzeitig üben. Es ist am wahrscheinlichsten, daß es sich im Kampf mit den verschiedenartigen Reizen, die es zu bewältigen hat, den Eigenheiten der Innenwelt und Außenwelt weitgehend anpassen wird.

Wieweit das Ich bei der Triebabwehr seinen eigenen Gesetzen folgt, wieweit es sich vom Charakter des Triebes bestimmen läßt, kann man vielleicht am leichtesten durch einen Vergleich mit einem Vorgang auf verwandtem Gebiet, nämlich mit den Verhältnissen bei der *Traumentstellung* verdeutlichen. Die Überführung der latenten Traumgedanken in den manifesten Traum geschieht im Auftrag des Zensors, der im Schlaf das Ich vertritt. Trotzdem ist die Traumarbeit selber keine Ich-Leistung. Die Fähigkeit zur Verdichtung, Verschiebung und zum Gebrauch der verschiedenen fremdartigen Darstellungsmittel des Traumes sind Eigenschaften des Es, deren sich die Entstellungsabsicht nur bedient. In derselben Weise sind auch die Abwehrmethoden keine reinen Ich-Leistungen. Soweit sie den Triebvorgang selber beeinflussen, bedienen sie sich auch der Triebeigenschaften. Die Absicht des Ichs, das Triebziel vom rein Sexuellen weg auf ein sozial höher gewertetes Ziel zu lenken, kann sich zum Beispiel mit Hilfe der leichten *Verschiebbarkeit* der Triebvorgänge im *Sublimierungs*mechanismus durchsetzen. Die Sicherung der Verdrängung durch *Reaktionsbildung* bedient sich der Neigung der Triebe, sich *ins Gegenteil zu verkehren*. Wir dürfen annehmen, daß die Haltbarkeit eines Abwehrvorgangs mit dieser doppelten Verankerung im Ich einerseits und im Wesen des Triebvorgangs anderseits zusammenhängt.

Aber auch trotz dieser Einschränkung der Selbständigkeit des Ichs bei der Schaffung der Formen, die ihm für seine Abwehrtätigkeit zur Verfügung stehen, bleibt nach der Beschäftigung mit den Abwehrmechanismen noch ein starker Eindruck von der Größe der Ich-Leistung übrig. Die Existenz neurotischer Symptome ist an sich schon ein Zeichen von Überwältigung des Ichs. Jede Rückkehr des Verdrängten, die eine Kompromißbildung einleitet, bedeutet ein Fehlschlagen der beabsichtigten Abwehrleistung, also eine Niederlage des Ichs. Das Ich ist siegreich, wenn seine Abwehrleistungen glücken, daß heißt, wenn es ihm gelingt, mit ihrer Hilfe die Entwicklung von Angst und Unlust einzuschränken, durch notwendige Triebumwandlungen dem Individuum auch unter schwierigen Umständen noch Triebgenuß zu sichern und damit, soweit es möglich ist, eine Harmonie zwischen Es, Über-Ich und den Außenweltsmächten herzustellen.

INHALT

KINDLER TASCHENBÜCHER
GEIST UND PSYCHE

(2001)**	Anna Freud	Das Ich und die Abwehrmechanismen
(2002)*	Karen Horney	Der neurotische Mensch unserer Zeit
(2003)*	René Allendy	Die Liebe
(2004)*	Viktor von Weizsäcker	Natur und Geist
(2005)*	Erich Neumann	Tiefenpsychologie und neue Ethik
(2010)**	C. G. Jung	Welt der Psyche
(2019)****	Albert Görres	Methode und Erfahrungen der Psychoanalyse
(2021)*	Eduard Naegeli	Das Böse und das Strafrecht
(2029)*	Franziska Baumgarten	Beratung in Lebenskonflikten
(2030)*	Hans Driesch	Parapsychologie
(2032)*	August Mayer	Reifungsprobleme im Leben der Frau
(2034)**	Fritz Stirnimann	Psychologie des neugeborenen Kindes
(2036)*	Gustav R. Heyer	Der Organismus der Seele
(2040)***	Georg Groddeck	Das Buch vom Es
(2044)*	Hermann Rorschach	Ausgewählte Aufsätze
(2046)**	Alexis Carrel	Betrachtungen zur Lebensführung
(2048)**	Oscar Forel	Einklang der Geschlechter
(2050)*	Alphonse Maeder	Der Psychotherapeut als Partner
(2052)*	Eduard Schweingruber	Der sensible Mensch
(2053)*	Hans Driesch	Alltagsrätsel des Seelenlebens
(2054)*	Franziska Baumgarten	Demokratie und Charakter
(2055)**	Wilhelm Bitter	Einsamkeit in medizinisch-psychologischer, theologischer und soziologischer Sicht
(2057)**	Erich Stern	Der Mensch in der zweiten Lebenshälfte
(2059)*	Wolfgang Wilhelm	Bewußte Lebensführung
(2060)**	Michael Fordham	Vom Seelenleben des Kindes
(2062)**	Alphonse Maeder	Selbsterhaltung und Selbstheilung
(2064)*	Heinz Artur Strauß	Psychologie und astrologische Symbolik
(2065)***	Rudolf Gelpke	Drogen und Seelenerweiterung
(2067)**	Josef Rattner	Psychologie und Psychopathologie des Liebeslebens
(2069)**	Michael und Enid Balint	Psychotherapeutische Techniken in der Medizin
(2072)**	Wilhelm Bitter	Die Angstneurose
(2074)**	J. H. Schultz	Grundfragen der Neurosenlehre
(2076)*	Hoimar von Ditfurth	Die endogene Depression
(2077)*	Leonard J. Friedman	Virginität in der Ehe
(2078)***	Herbert Lippert	Einführung in die Pharmakopsychologie
(2079)*****	Parin/Morgenthaler Parin-Matthey	Die Weißen denken zuviel

KINDLER TASCHENBÜCHER
GEIST UND PSYCHE

Neuerscheinungen/Neuauflagen Frühjahr 1974

(2105)**	Werner W. Kemper	Die funktionellen Sexualstörungen
(2042)*****	Erich Neumann	Ursprungsgeschichte des Bewußtseins
(2071)**	Josef Rattner	Individualpsychologie
(2117)**	Georg Groddeck – Sigmund Freud	Briefe über das Es
(2118)***	Annelise Heigl-Evers/ Franz Heigl	Lieben und Geliebtwerden in der Ehe
(2119)***	Karen Horney	Selbstanalyse
(2120)**	Günter Ammon	Gruppendynamik der Kreativität
(2121)**	H. A. van der Sterren	Ödipus
(2122)**	Richard Pokorny	Über das Wesen des Ausdrucks

* Einfachb. / ** Doppelb. / *** Dreifachb. / **** Vierfachb. / ***** Fünffachb.

7-8-10-12-3